漢字樹

汉字树

Hanzi Tree

8

汉字中的万物

廖文豪——著

北京联合出版公司
Beijing United Publishing Co.,Ltd.

目　录

第二章 土地与祖先 58

第三章 山丘 112

天本为大，一切从天而来，接着是地，山、川、水、火、气相应而生。一次宇宙大爆炸，从无到有，自然界与万物于焉诞生。

土地具有生养众生的意义，自古以来受中国人尊敬。土地生养五谷菜蔬，祖先繁衍出子子孙孙，使人类能生生不息。发人深省的是，“土”地与“山”的代表符号都含有“丄”，都具有从根基往上不断发展的意义。

在自然界中，影响人类至深的当属“火”与“水”了。人的日常生活总离不开水、火，通过这些古文图像，我们大致可以了解古人如何繁衍生息、探索世界，又如何以火取暖、抵御洪水，甚至征服自然。

这些符号不仅出现在许多日常生活用字里，还与上古历史有紧密关联，尤其是与洪水泛滥有关的故事。通过这些古字，读者将对上古史的发展有相当深刻的感受。

第二章

高墙、山崖与河岸

在汉字里，垂直或高耸之物都有一个共同的符号，那就是“丨”。例如，至高的神（，示）、高空的太阳（，昜）、山顶上的泉源（，泉）、城墙（，阝）及山崖（，厂）等。就器物表达而言，“丨”也代表垂直之物，如木桩（，才）或夯杵棍（，工）等。

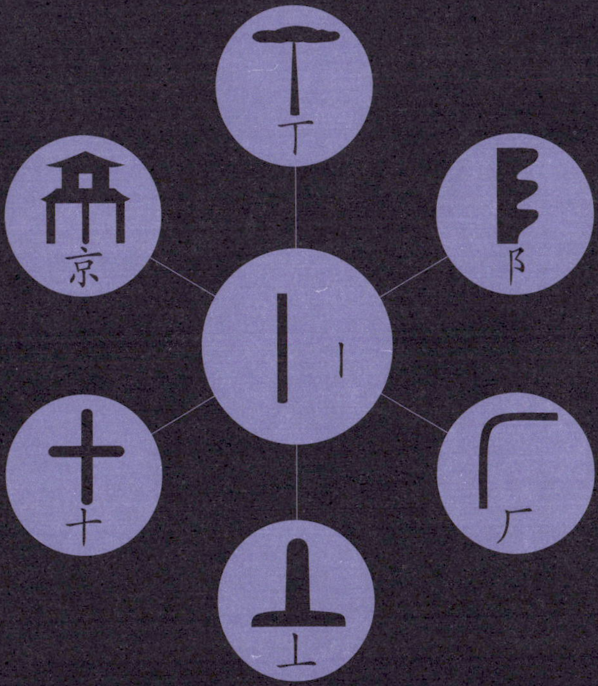
丁
京
阝
丨
十
厂
丄

“阝”——高耸的墙

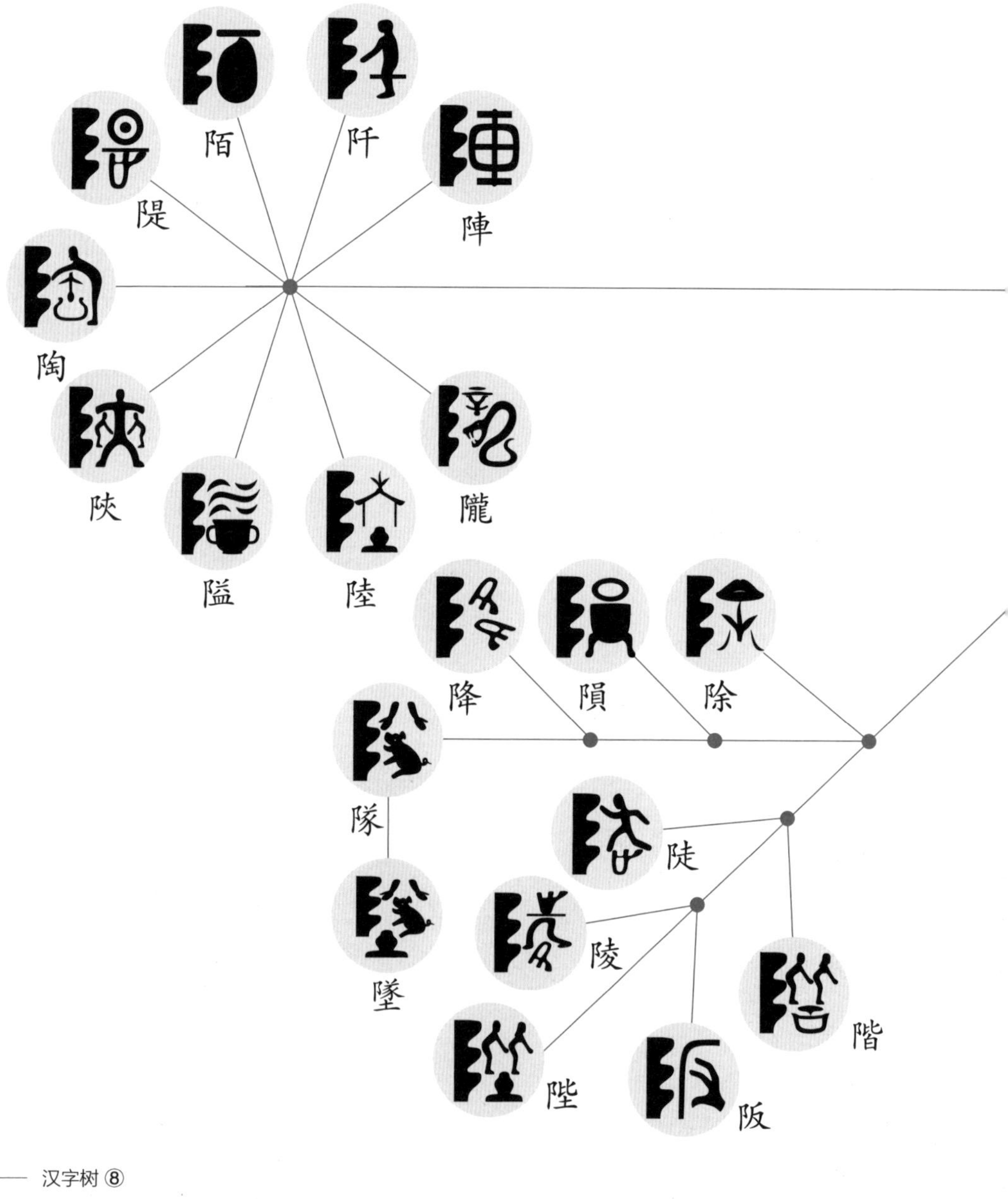

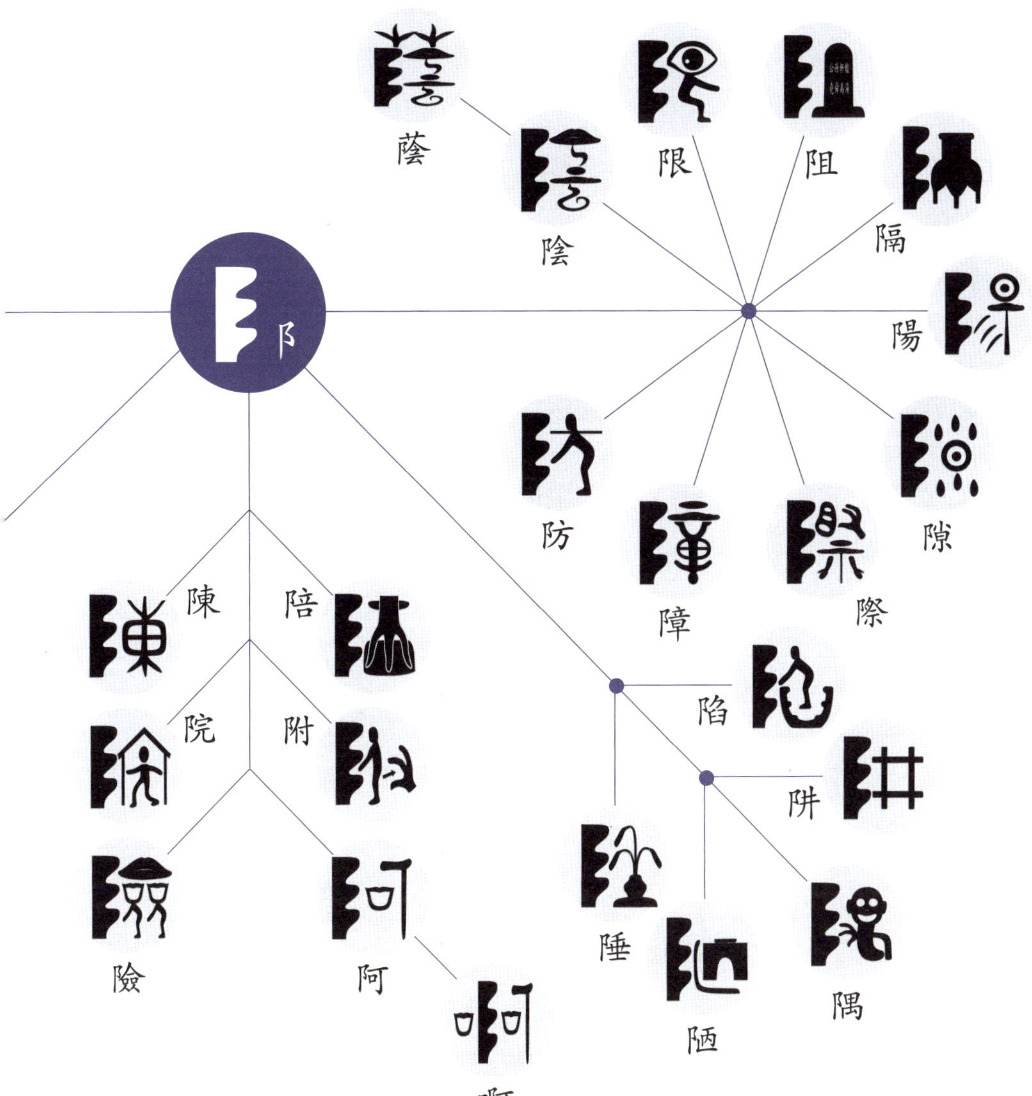
阝
蔭
陰
限
阻
隔
陽
隙
際
障
防
陳
陪
院
附
險
阿
啊
陷
阱
陲
陋
隅

陕西省神木县高家堡镇石峁村的石峁遗址是中国史前时期规模宏大的城址，距今约四千年。这座石头城是由皇城台、内城、外城所组成，内城墙体长二公里，外城墙体长二点八四公里，规模史无前例。由此证明远在殷商甲骨文之前就已经有城墙存在了。殷商以前的人用什么符号来表达城墙呢？“阝（阜）”的甲骨文是一道城墙，外侧是垂直高耸的陡壁，内侧有可攀登的阶梯，此构型与古代城墙的构型完全一致。含有“阝”的汉字大多具有高墙与阻隔的意思。

高墙

陳 陈

chén

用“木担架”（，东）搬运泥“土”以建造“城墙”（，阝）。

陈国是春秋时期的诸侯国，建都宛丘（今河南淮阳）。陈氏祖先陈满受封后，便在宛丘四围筑起高大城墙，墙外有护城河守护，于是将陈国建造成了一个富庶又坚固的国家。《吕氏春秋》记载有陈国的高大城墙：“荆庄王欲伐陈，使人视之。使者曰：‘陈不可伐也。’庄王曰：‘何故？’对曰：‘城郭高，沟洫深，蓄积多也’。”“陈”的金文、及篆体代表“手持工具”（攴）铲土，并以“木担架”（东）搬运泥土以建造“城墙”（阝）。这似乎是描写古代陈国人民在四围筑城挖沟的景况。

金 篆

“陈”的本义为布建城墙，引申为整齐地排列，常用词如陈列、陈设等。

阿

ē

对着“城墙”（，阝）发出“歌”（，可）颂赞美。

巍峨的高山或雄伟的城墙，总令人忍不住发出赞叹。金文是由代表高墙的“阜”及代表歌唱的“可”所组成。另一个金文将“可”改写成“奇”，更清楚地表明了“颂赞”之意。“阿”引申为赞叹、谄媚、偏袒，雄伟的山陵或城墙，常用词如阿谀，如《诗经》：“陟我高冈，无矢我陵。我陵我阿，无饮我泉，我泉我池。”

金 篆

險险

xiǎn

“大家都说”（，佥）这座“城墙”（，阝）很陡峭。

古代攻城之战，最大的困难就是跨越高大的城墙，一场战役下来，常有不计其数的攻城士兵从城墙上摔落。“险”是指地势危险，非一般人所能横越，常用词如险峻、天险、危险、冒险、风险等。《说文》：“险，阻，难也。”

篆

“住屋”（，完）外围有“高墙”（，阝）的完整宅地。

院

yuàn

引申为有房子及围墙的完整宅地，如书院、医院、法院等；又引申为房子与围墙之间的空地，如庭院等。《康熙字典》：“有垣墙者曰院。”

篆

小国托“付”（）给能提供高大“城墙”（，阝）保护的大国。

附

fù

“附”是指附庸国，盛行于商周时期。当小国无力自保时，只好将自己的人民与财产托付给大国，请求保护，称为“附庸国”，表示归属于“宗主国”管辖，本身没有自主权。“附”引申为归属，常用词如归附、附属、附带、附件、攀附、附着、附和等。《礼记·王制》：“附于诸侯曰附庸。”（周朝的附庸国归属于诸侯国。附庸国无法与天子打交道，必须由它所效忠的诸侯国出面。）

为巩固城墙“基座”（，音）所扩增的“墙”（，阝）。

陪

péi

“陪”又称为“陪墙”，是在墙的内侧再砌一道矮墙以巩固墙的基座。因此，湖北人称内墙为陪墙。“陪”引申为重叠、伴随，如古籍中，“陪鼎”是指加鼎，也就是加菜；“陪臣”是指大臣家里的臣

篆

子，也就是诸侯家里的臣子。其他相关用词如陪伴、陪衬等。《左传》：“宴有好货，飧有陪鼎。”《史记》：“周室微，陪臣执政。”

陋

lòu

“隐”（，乚）居在“墙”（，阝）角的“炉灶”（，丙）旁。

灰姑娘是个经典童话故事，女主角长年窝在炉灶边工作，弄得全身脏兮兮的，直到有一天出现了一位仙女，从此她的命运大反转。灰姑娘的遭遇其实与古代的舜类似，同样遭受后母及同父异母兄弟（或姐妹）的虐待，从小就得从事各种各样的卑贱工作。同样幸运的是，舜遇到了尧，从此崭露头角，最终成为后人景仰的伟大君王。汉字“陋”似乎是在描写人困窘时的处境。《论衡》说：“舜未逢尧，鳏在侧陋。”（舜未遇见尧之时，鳏居于偏僻简陋的地方。）“陋”引申为狭窄、偏僻、贫困，常用词如简陋、陋室、浅陋等。

 篆

隅

yú

“两”（，禺）面“城墙”（，阝）相接之处。

“隅”原指城隅，即两面城墙相交之处。在石峁遗址中，两面城墙交接处还设有角楼用于防御。“隅”引申为边角、转角处，常用词如墙隅、向

 篆

隅、负隅顽抗等。《诗经》:“静女其姝，俟我于城隅。”

陷

xiàn

“人”( )掉入四面有“高墙”(，阝)的“凹洞”(，臼)里。

引申为地下坑穴、掉落，常用词如地陷、塌陷、陷阱、陷害等。

甲

篆

阱

jǐng

周围有“高墙”(，阝)的“井”( )。

阱是为了防御或捕捉野兽所挖凿的坑洞，猎物一旦掉入陷阱，就难以爬出来。常用词如陷阱、坎阱、阱中之虎。

篆

陲

chuí

“垂”( )直而下的“城墙”(，阝)。

城墙是一座城邦的界限，故垂直的外墙就称为“陲”，引申为边界，如边陲。

篆

阻隔

防

fáng

筑“墙”（，阝）以阻挡“邻国人”（，方）袭击。

 篆

四千年前的石峁古城，不但有完整的内、外城墙，墙上还设有角楼、城垛；外墙设有马面，城门内还有瓮城，这些都是加强防御的设施。东周时期，各诸侯国为了互相防御，纷纷在边境筑起高大的城墙。后来，秦朝一统天下，为了抵御北方匈奴侵略，或将旧城墙加以连接，或重新修筑建造，完成了历史上第一条长城。“防”引申为筑堤、戒备，常用词如堤防、国防、关防、防守、防止等。

限

xiàn

因为无法越过“城墙”（，阝）而“回头”（，艮）。

 金

 篆

引申为无法超过的障碍，相关用词如限制、期限、极限等。

阻

zǔ

以“高墙”（，阝）挡住。

 篆

常用词如阻挡、阻止、阻碍等。

隔

gé

中间有“高墙”（，阝）“隔”（，鬲）开。

古籍中，“鬲”与“隔”相通，如《汉书》：“鬲绝器物。”《管子》：“州里不鬲。”后来为了分化，于是添加“阝”，“阝”代表高墙。

篆

陽阳

yáng

“太阳”（，昜）光照在高高的“城墙”（，阝）上。

在古代的城墙上，阳光照射到的一面称为阳，照不到的一面称为阴。

甲

金

篆

陰阴

yīn

太阳光被高高的“城墙”（，阝）挡住，现“今”（）只看见天空的“云”（）。

引申为阳光照不到的地方、昏暗的、暗地里的，如阴凉、光阴、阴暗、阴天、阴谋等。又引申为与“阳”相反的，如阴阳、阴性、阴间等。

金

篆

蔭荫

yīn

“树叶”（，艹）下的“阴”（）影。

引申为在树下的阴凉处、庇护，常用词如树荫、荫庇、福荫等。

隙

xì

“日”（ ）光从“高墙”（ ，阝）上的“小”（ ）孔穴中透出来。

引申为裂缝、小漏洞，常用词如缝隙、空隙、间隙等。

篆

在阶梯间升降

坒

bì

“若干人”（ ，比）站在依序连接的“土”（ ）台上。

引申为阶梯。《说文》：“地相次比也。”

金

篆

陛

bì

站在像“城墙”（ ，阝）一般高的“阶梯”（ ，坒）上。

本义为最高的台阶或位置，引申为君王，常用词如陛下（对君王的尊称）、陛见（晋见君王）、陛卫（君王的护卫）。古代宫殿的最高阶，是天子听政之处。《史记》：“至陛，秦舞阳色变振恐，群臣怪之。”《说文》：“陛，升高阶也。”

篆

階阶

jiē

“一起”（，皆）登上“城墙阶梯”（，阝）。

本义为攀升，引申为可攀升的楼梯、等级，常用词如阶梯、台阶、阶级、官阶、进阶等。

篆

陵

líng

向前“跨越”（，夌）登上“城墙阶梯”（，阝）。

金文代表一个“人”攀登“阶梯”。篆体将“人”改写作“先”。“陵”引申为大土山、攀登，相关用词如丘陵、山陵、陵墓等。

金 篆

降

xiáng

“两只脚走下”（，夅）“城墙阶梯”（，阝）。

“降”的本义是往下行走，引申为贬低、压制，相关用词如降雨、降职等。

甲 金 篆

隊队

duì

“分”（，八）逃的“猪”（，豕）一个个从“墙崖”（，阝）上跌落下来。

古字中，“队”即“坠”，如《礼记》：“退人若将队诸渊。”《国语》：“敬不队命。”甲骨文代表一个人从高墙跌落；金文将“人”改写作“豕”；篆体又添加了“八”（分），代表分逃的猪

甲 金 篆

一个个跌落高墙（或陡峭的山崖）。另有篆体添加“辵”（辶）或“止”，代表从墙崖冲下来的猪。“队”的本义是“纷纷坠落”，引申为成列或成群的人或物，相关用词如队伍、排队等。

墜坠

zhuì

“土”（）块“纷纷从高墙上掉落”（，队）。

引申为从高处落下，相关用词如坠落、下坠等。

甲

篆

除

chú

嘴里“含着芳香的荇菜”（，余）从“城墙”（，阝）阶梯走下来。

引申为台阶、消去，常用词如消除等。《说文》：“除，殿陛也。”

篆

隕陨

yǔn

“圆”（，员）石从“高墙”（，阝）落下。

常用词如陨石、陨落（殒落）、陨世（殒世）。《说文》：“陨，从高下也。”《尔雅》：“陨，磒湮下降，坠摽蘦落也。”《尚书》：“栗栗危惧，若将陨于深渊。”

金

篆

“走”（）在“高墙”（，阝）上。

在高耸的城墙上行走，稍一不慎就会粉身碎骨，引申为峻峭的、突然的，常用词如陡壁、陡坡、陡变等。

陡

dǒu

“反”（）手攀爬“高墙”（，阝）。

引申为高坡。《说文》：“坡者曰阪。”

 篆

阪

bǎn

有如高墙

排列整齐的战“车”（）有如“城墙”（，阝）一般难以突破。

本义是两军作战时，用战车摆设的防御队形，引申为队伍行列、战场、短暂激烈的场面，常用词如车阵、阵仗、摆阵、阵营、阵容、阵亡、阵雨、阵痛等。

陣阵

zhèn

隄堤

dī

筑“高墙”（ ，阝）“到顶端”（ ，是）。

“堤”是在河岸边建筑高墙以防止水患，引申为防水建筑物。常用词如河堤、堤防、土堤等。

篆

陜陕

shǎn

两侧有“高墙或陡坡”（ ，阝）包“夹”（ ）之地。

陕西省简称“陕”，境内多陡立的高山与纵谷，如秦岭、巴山、汉川谷地等。

篆

陶

táo

在“山壁”（ ，阝）间“弯身采集陶土以制作瓦罐”（ ，匋）。

金文 包含“人、土、墙”三种符号，这是描写古人在山壁间采集陶土的情景。篆体 将“土”改写成“缶”，表示以陶土制作陶罐。尧以制陶业起家，被称为陶唐氏。他居住于盛产陶土的山丘边，该地于是被称为陶丘。《说文》记载：“陶丘有尧城，尧尝所居，故尧号陶唐氏。”陶的相关用词如陶匠、陶土、陶器、陶冶等。

金

篆

阡

qiān

一“千”（ ）道像“城墙”（ ，阝）的土堤。

为了建造利于行走的田间小路，农夫在田与田之间砌起一道道像城墙的土堤，称为阡陌，并借此区分田界。《史记》记载商鞅在秦国“为田开阡陌封疆”，借此规划出一亩亩整齐划一的农田，使得该国农业变得非常发达。古代农田多呈长方形，南北纵横。“阡”代表一“千”道东西向的土堤，而“陌”代表一“百”道南北向的土堤，合称阡陌。本义是土堤，引申为田间小路，如阡陌纵横。

篆

隴陇

lǒng

像“龙”（ ）一样长的“陡坡或城墙”（ ，阝）。

甘肃因地处陇山以西，故称陇西或简称陇，境内有陇县（古称陇城）。陇城自古设有城墙，可惜大部分已被毁坏，至今仅存长三十米、高十米的古城墙遗迹。

篆

隘

ài

满“溢”（ ，益）的人群挤在“陕壁”（ ，阝）中。

引申为狭窄的交通要道。古代著名的关隘（隘口），都是狭窄的交通要道，因此成为兵家必争之地。例如战国时，六国联合攻打秦国，结果

篆

秦国依靠函谷关将百万大军围困，取得空前胜利。西汉贾谊《过秦论》如此描写：“百万之众，叩关而攻秦。秦人开关延敌，九国之师，逡巡而不敢进。”

“阝”的本义除了本文提出的“城墙”一说以外，另有王国维、徐中舒的“阶梯”一说及叶玉森的“土山”一说。

山崖与河岸

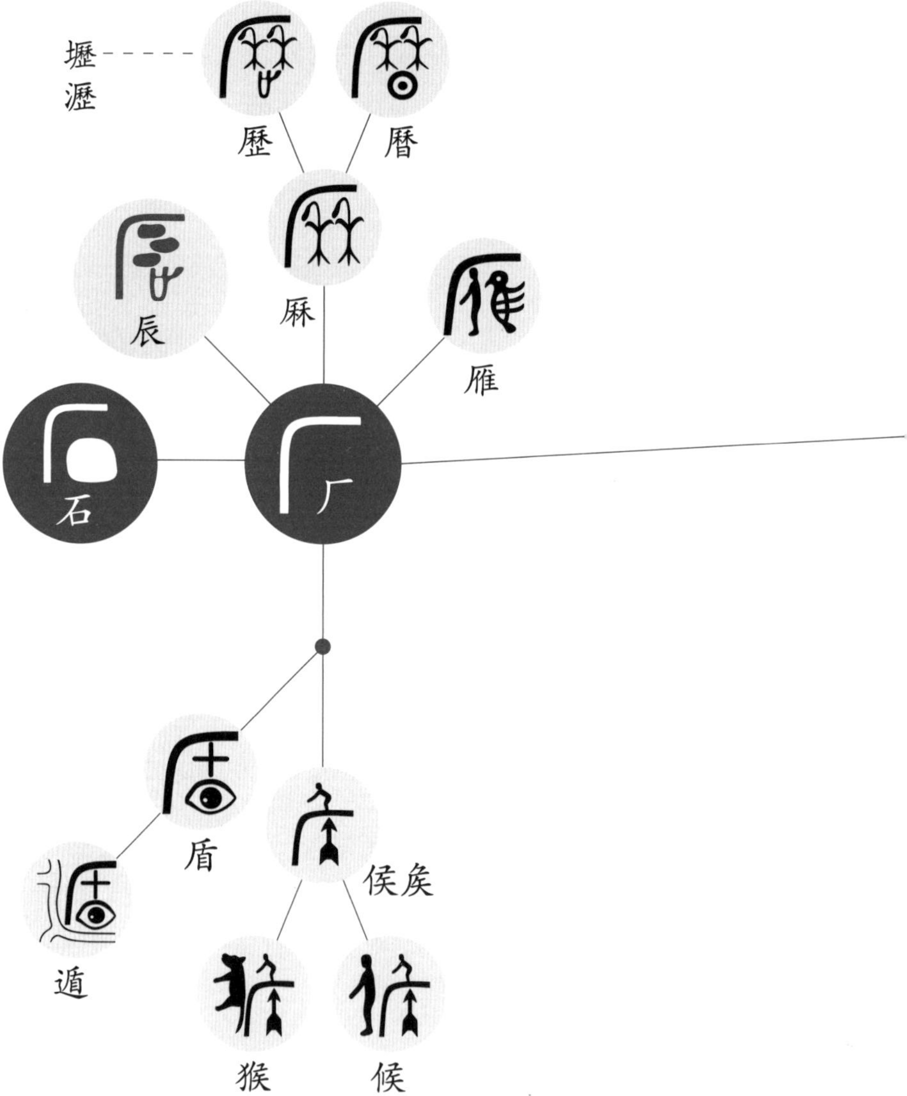

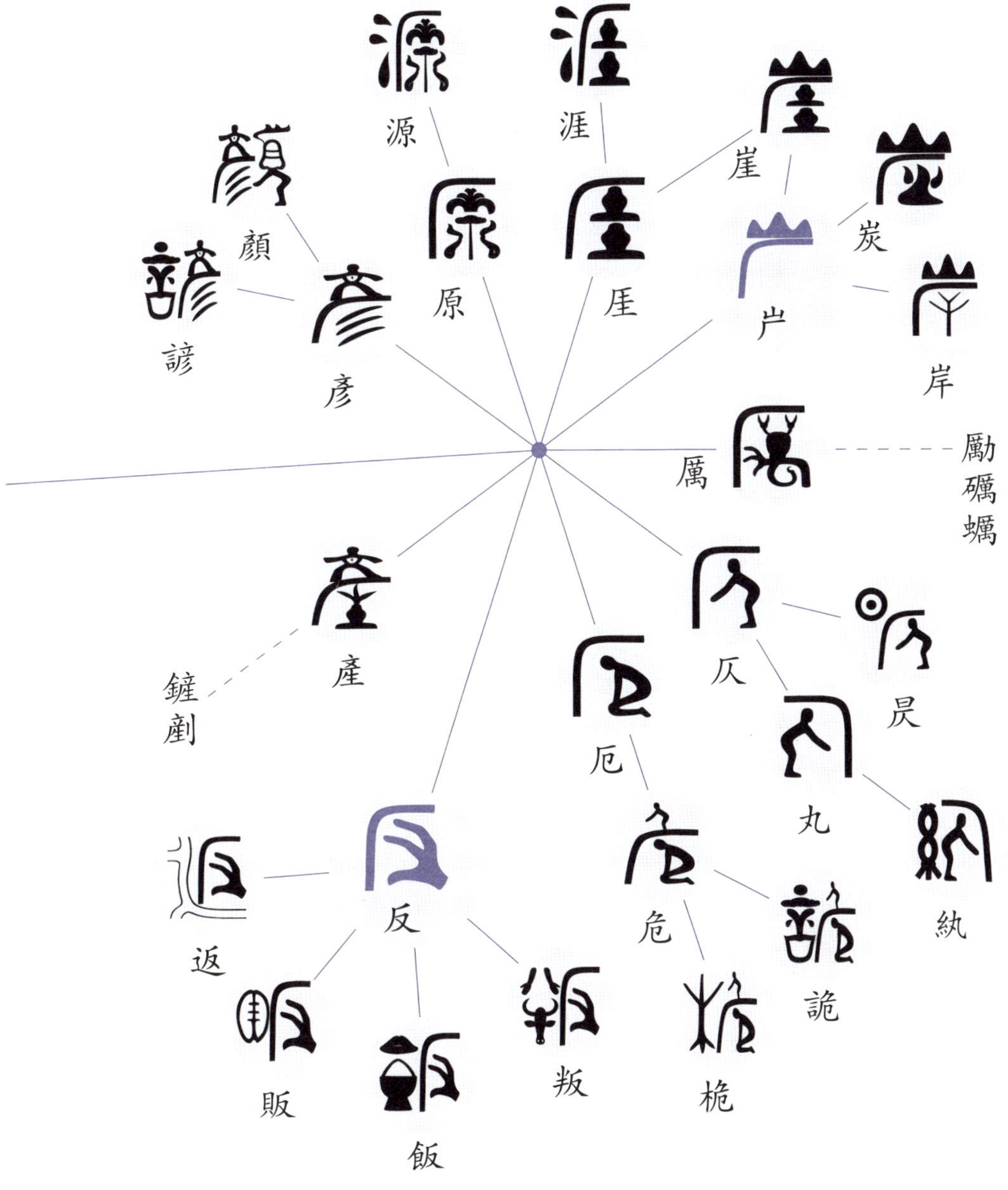

源
涯
崖
炭
顏
原
厓
屵
岸
諺
彦
厲
勵
礪
蠣
産
鏟
剷
仄
昃
厄
丸
紈
反
返
危
詭
販
飯
叛
桅

厂

hàn

山崖或岸边。

“厂”“厈”“屵”“岸”互为异体字，都代表山崖或岸边。“厂”的衍生字隐藏着先民在河岸、山崖边勤奋努力做事的故事，包含沿着河岸开垦梯田、在山崖边开采石材及矿石颜料等场景。

金

篆

有人认为金文的“厂”代表“石”，事实上，这两者不仅构型不同，意义也相异。下面的对照表说明了“石”是由“厂”所衍生，“厂”代表山崖，“石”代表山崖上的石块。由于缺乏“厂”的甲骨文，故以“反、侯”二字的甲骨文加以对照。此外，“反”的甲骨文是“厓、又”的合体字，另一个甲骨文被改写成“厂、又”的合体字。可见，“厂”与“厓”的意思是相同的，都代表山崖。

表中显示，“侯”的甲骨文、代表把箭“矢”射向“垂直布幕”。后来，甲骨文及金文将“垂直布幕”改写成“厂”（）。可见，“厂”具有垂直、高耸或陡峭的意思。

“厂”的衍生字

现代汉字	示意图	甲骨文	金文	篆体	构字意义
厂					山崖或河岸
反					反转“手”掌抓住“山崖陡壁”
侯					一支箭射向挂在垂直的崖壁上的箭靶

“石”的衍生字

现代汉字	示意图	甲骨文	金文	篆体	构字意义
石					山崖上的石块
匹					取出一片片“石”材
戚					以“长柄大斧”击“石”取材（请参见第六册中的“戌”）

山崖

崖

yá

由“土块层层叠起”（，圭）的“陡壁”（，厂）。

篆

涯

yá

由“土块层层叠起”（，圭）的“水”（，氵）边“陡壁”（，厂）。

“涯”是指水陆交界处或水边高岸，引申为边界、极限，相关用词如天涯、学海无涯、生涯等。《庄子》：“吾生也有涯，而知也无涯。”

篆

厈

àn

在“河岸边”（，厂）搭建“干”（）栏式房屋。

干栏式建筑是古代重要的河岸建筑，新石器时代的长江流域有许多这类遗址，后来演变成今日苗族或东南亚的吊脚楼文化。“厈”是“岸”的本字（请参见第三章中的“屵”）。

篆

岸

àn

“高耸”（，山）的河岸（厈，）边。

“厈”是有干栏式建筑的“河岸”边；添加“山”，是为了加深高耸的含义。引申为高耸的

篆

河岸、高傲，常用词如海岸、河岸、沿岸、对岸、登岸、靠岸、道貌岸然等。

崖

yá

由“土块层层叠起”（，圭）的“山”（）边“陡壁”（，厂）。

“崖”是山边陡壁，相关用词如山崖、悬崖、崖壁等。

篆

炭

tàn

在“山崖”（，屵）边燃“火”（）制作木炭。

制作木炭的方法主要是将木材高温燃烧。早在西周中国就已经有制作木炭的历史记录，如《礼记》：“是月也，草木黄落，乃伐薪为炭。”《周礼》：“掌灰物炭物之征令，以时入之，以权量受之，以共邦之用，凡炭灰之事。”常用词如木炭、炭火、炭烤、煤炭、石炭等。

篆

反

fǎn

反转“手”（，又）掌抓住“陡壁”（，厂）。

古人攀登山崖，手掌必须反转，牢牢抓住岩壁上的突出物，才能攀爬上去。“反”的本义是反转手掌，引申为背面、倒推回去，相关用词如相反、反手、反复、反回（返回）等。

甲 金 篆

返

fǎn

往“反”（ ）方向“走”（ ，辶）回去。

“返”引申为归回、归还，相关用词如返航、返家、返乡、返还等。

金 篆

飯饭

fàn

“反”（ ）手端着盛“食”（ ）物的碗。

端饭碗时必须将手翻转过来。“饭”的本义是端着食物享用，引申为吃、煮熟的谷物，常用词如吃饭、白米饭、八宝饭、午饭、扒饭等。

金 篆

販贩

fàn

先花钱买货品，再“反”（ ）过来把货品卖出去赚“钱”（ ，贝）。

做小生意的摊商先用钱买进一批货品，再反过来将货品零售给消费者，把之前所花费的加倍赚回来。“贩”引申为做小买卖的生意人、卖东西，常用词如摊贩、鱼贩、菜贩、贩卖、贩卖机、量贩店等。《说文》：“买贱卖贵者。”

篆

叛

pàn

有一“半”（ ）的人往“反”（ ）方向走。

商纣王时期，百姓与诸侯纷纷叛离，投奔到周

篆

文王那里去。“叛”引申为背离、分离，相关用词如背叛、叛逆、叛军、离经叛道等。

仄

zè

“人”（）在山崖（，厂）边侧着行走。行经险峻的山崖，必须紧贴着崖壁才不会坠落谷底。“仄”的本义是在狭窄的山崖边侧斜着走路，引申为偏斜，如《汉书》：“险道倾仄。”《管子》：“日极则仄，月满则亏。”《周礼·考工记·车人》：“行山者仄輮。”常用词如仄行（斜着走路）、仄目（斜着眼看）、仄日（夕阳、斜阳）、狭仄、仄路。在诗词用韵中，有所谓的平声与仄声，仄声就是带着偏音的上、去、入三声。《说文》：“侧倾也，从人在厂下。”“仄”与“侧”通用。

 篆

昃

zè

“太阳”（，日）“偏”（，仄）西。引申为黄昏。《易经》：“日中则昃，月盈则食。”

 甲 篆

丸

wán

“仄”（）转身体。“仄”与“丸”的篆体左右对称，“仄”描写人在山崖的右侧，而“丸”则描写人在山崖的左侧，借以表示人在山崖边转过身来。“丸”的本

 篆

义是转身，引申为翻转或搓成圆形的东西。将一团泥巴不断转动就成了泥丸，常用词如丸转（比喻圆滑）、转丸、药丸、鱼丸、弹丸等。《说文》：“丸，圜，倾侧而转者。从反仄。”《焦氏易林》：“居如转丸，危不得安。”

纨纨

wán

“丸”（）转的“丝绢”（，纟）。

“纨”是圆滑的白绸绢。常用词如锦衣纨绔（精致华美的衣裤）、纨绔子弟、纨扇等。《说文》：“纨，素也。”段玉裁注：“素者，白致缯也。纨即素也，故从丸，言其滑易也。”

 篆

厲厉

lì

在“山崖陡壁”（，厂）爬行的毒“蝎子”（，万）。

蝎子是有毒生物，喜欢生活在山崖边，因此居住在窑洞里的先民，稍一不慎就会遭到蝎子的毒害。“厉”引申为凶猛，相关用词如厉害、严厉等。“厲”的简体字为“厉”。

 金

 篆

彥彦

yàn

“峭壁”（，厂）所呈现的大片艳丽“花纹”（，彣）。

古人发现，许多峡谷的岩壁常呈现瑰丽的色彩，如广东丹霞山峭壁上的艳丽色彩宛若彩霞，河

 篆

南云台山的红石峡谷让游客流连忘返，其他如美国大峡谷或约旦玫瑰石峡谷都令人惊艳。“彦”本义为岩壁上的瑰丽色彩，引申义为有文才的人。“彦”是“颜”的本字。

產产

chǎn

以“峭壁”（，厂）上的“纹彩”（，文）来“制造”（，生）各种有用的东西。

古人对峭壁岩石上的艳丽色彩很好奇，他们发现峭壁的颜色是由不同种类的矿石所产生的，取这些矿石加以研磨就成为染料。例如在丹砂之类的矿石中能提炼出红色染料，染在布料上，便能制作红色的衣服。因此，远在商周时期便有开采丹砂做染料的记载。

篆

原

yuán

“泉”（）水从山崖“陡壁”（，厂）里涌流出来。

（请参见第七册。）

金

篆

厄

è

由“悬崖”（，厂）掉下而受重伤的“人”（，卩）。

由于掉落在悬崖下，求救无门，所以引申为面临困境，相关用词如厄运、厄难等。

篆

危

wēi

“站在悬崖上的人”（ ），不慎跌落以致成为受重伤的“人”（ ，卩）。

“危”的甲骨文 是一个向下急速坠落的抛物线箭头，意指物体自高处坠落。到了篆体变为 ，表示一个人站在高高的悬崖边上。后来，这个字又演变成 。“危”引申为高耸、不安全，相关用词如危险、危机等。

甲

篆

垂直面

“厂”除了代表陡壁之外，也用来表示垂直面，如周朝射侯所使用的垂直布幕，以及盾的垂直板面。

矦

hóu

或侯；用“箭”（ ，矢）射向“挂在高处”（ ，⺈）的箭靶。

古代天子为招募英才，举行射箭比赛，称为“射侯”。所谓的“侯”就是高高挂起的靶子。此箭靶是用兽皮做成的，高高挂在远处供人射击。后来，渐渐将兽皮改成布幕，上面画着熊、虎、豹或鹿等，分别称为熊侯、虎侯、豹侯等。甲骨文 、 代表把箭“矢”射向“垂直布幕”。甲骨文 及金文 将“垂直布幕”改写成“厂”（ ）。篆体 再将“厂”改写成“⺈”，“⺈”是“危”的本字，代表高处。周朝贵

甲

金

篆

族在天子举办的射侯比赛中，表现好的就能当高官，因此，“侯”便引申为官职，如诸侯、鲁侯、侯爵等。《周礼》：“王大射，则共虎侯、熊侯、豹侯，设其鹄。”《礼记·射义》：“故天子之大射，谓之射侯。射侯者，射为诸侯也。射中则得为诸侯，射不中则不得为诸侯。”

盾

dùn

用一块“垂直板”（，厂）躲过“十”（）只“眼睛”（，目）的监视。

“厂”是陡壁，在此则代表躲过敌人监视与刀剑攻击的垂直板面。“盾”的相关用词如盾甲、矛盾等。《说文》：“盾，瞂也，所以扞身蔽目。”

篆

遁

dùn

以“盾”（）甲掩护而逃“走”（，辶）。

相关用词如遁逃、遁形等。

河岸

雁

yàn

“人”（）所喜爱的“岸”（）边大“鸟”（）。

“雁”的篆体有、、、等，表示栖息在岸边（，岸）的鸟（）；及表示岸边（）的鸟（）；添加了人，表示人们喜欢猎捕的岸边大鸟。古代读书人喜欢以雁为贺礼，因为大雁是极为聪明且合群的动物。由“雁”的相关用语可体会出古人对雁的看法：“雁行千里”说明大雁的候鸟习性与能耐；“雁天”表示入秋，是雁鸟南迁的季节；“雁奴”是雁鸟栖息时专司警戒的雁鸟；“雁字”是雁鸟飞行时的队形；“雁序”是雁鸟飞行的顺序，“雁行失序”则是雁鸟中箭掉落而打乱了飞行顺序，古人以此表示失去兄弟的悲恸；“鱼雁往返”则是以雁鸟定时往返迁移的特性来形容两个好友间书信的一来一往。

篆

厤历

lì

治理“河岸”（）边的“禾田”（，秝）。

“秝”的金文及篆体以两棵排列整齐的“禾”（）草来表示“禾场”或“禾田”；添加“厂”便成为“厤”（历），代表“河岸”边的“禾田”，这是描写先民在黄河流域整治农田的情景。

金

篆

“前往”（，止）治理“河岸”（）边的“禾田”（，秝）。

歷历

lì

辛勤的农夫每天都会到自己的田里巡视一番，甲骨文表示“前往”（）巡视并治理“禾田”（）。金文及篆体表示“前往”（）巡视并整理“河岸”（）边的“禾田”（）。“历”引申为巡遍、以往的（已走过的），相关用词如经历、历练、历史等。《说文》：“历，过也，传也。”段玉裁注“歷”的简体字为“历”。

依照“太阳”（，日）的运行来“治理禾田”（，历）。

曆历

lì

中国的农历源自夏朝的太阳历。所谓的二十四节气是依照地球环绕太阳一周所经过的寒暑变化而订定的。夏历依照太阳的运行分为木、火、土、金、水五季，《黄帝内经》依序称为“春、夏、长夏、秋、冬”。这就是《尚书·洪范》所说的“五曰历数”，也就是所谓的五季历法。《说文》：“历象也。”相关用词如阳历、阴历、农历等。

在山崖边开采石材

是“石”的甲骨文，包含此符号的甲骨文都与石头有关，例如是商朝时期的货币——石贝，在殷商遗物中多有发现。是先秦典籍所记载的美食——石耳，如《吕氏春秋》：“果之美者……汉上石耳。”石耳生长于湿润的石崖上，形状像人耳，李时珍称赞石耳的营养价值更胜于木耳。由“石、火”所组成，表示在石板上烧烤食物。（宕）则是古代凿岩壁所建造的“石屋”。

磕磐硯硬硃磯
磚碇碎礫砥礪
砝碼礁礙砷碘
硫磺硼砂矽礬

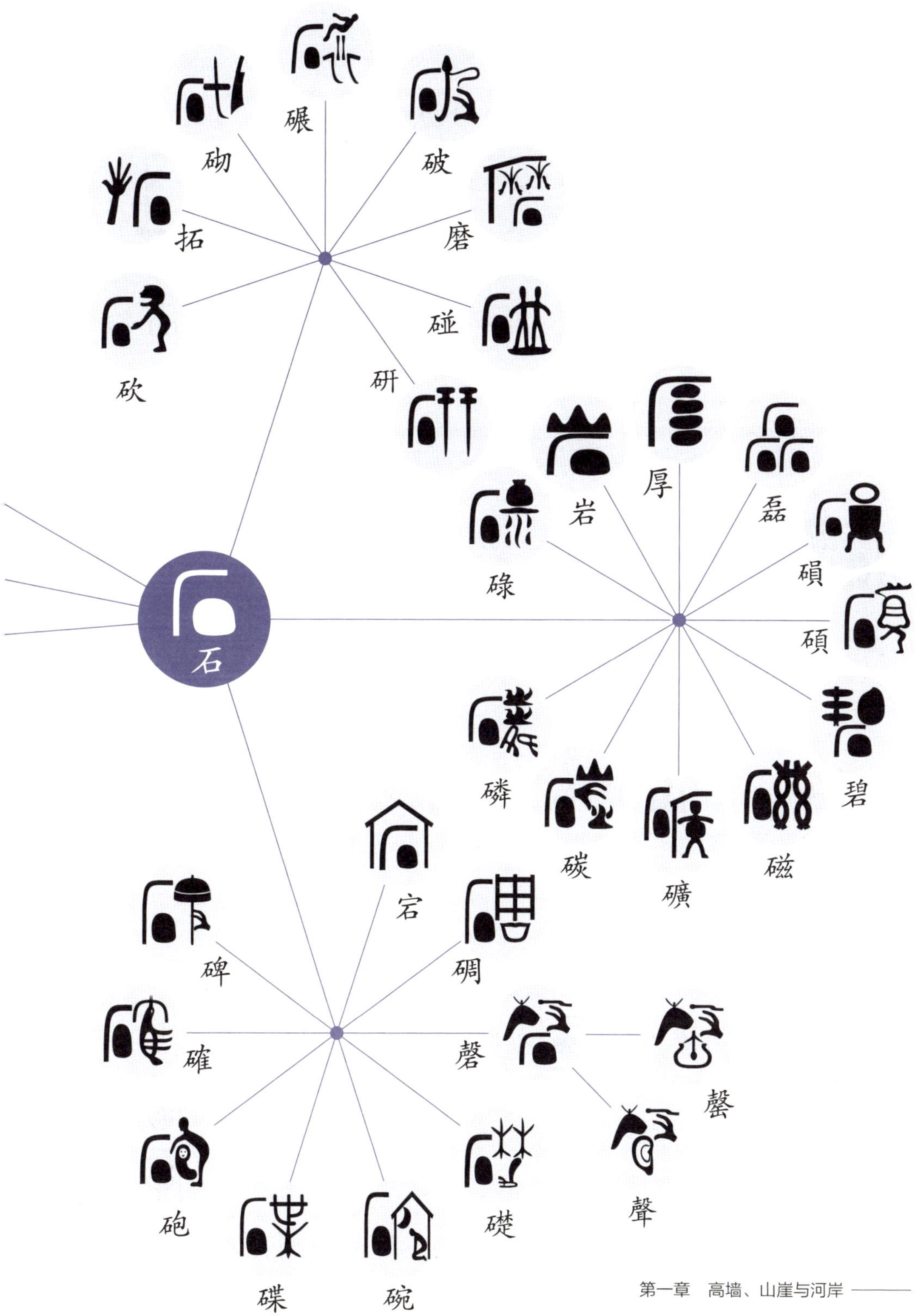
石
砌
碾
破
拓
磨
砍
碰
研
岩
厚
磊
碌
碩
碽
碧
磷
碳
礦
磁
宕
碑
碉
確
磬
罄
聲
砲
碟
碗
礎

石

shí

从"山崖"（ ，厂）取的"块状物"（ ）。

甲骨文 代表从"山崖"（ ）取的片状物，后来添加"口"变成 ，表示从"山崖"取的"块状物"（ ）。金文 被改写成"厂、口"的合体字，代表从"山崖"取的"块状物"。《说文》："石，山石也。"

上天赐予的天然矿石

碌碌

lù

"上天所赐"（ ，录）的天然"石"（ ）头。

（请参见第七册。）

岩

yán

"山"（ ）壁上的"石"（ ）块。

岩是构成地壳的物质，如火山岩、花岗岩、玄武岩、石灰岩、石英岩、页岩等。其他常用词如攀岩、岩壁等。

厚

hòu

将一块块"石"（ ）头摞起来。

甲骨文 及金文 、 代表将一块块"石"（ ）头摞起来。 代表摞起来的石头如同一条的绳索。引申为多、重，相关用词如厚度、宽厚等。

磊

lěi

一堆石头。

《楚辞》:“石磊磊兮葛蔓蔓。”《说文》:“磊,众石也。”

篆

碩

yǔn

滚动的“圆”(,员)“石”(),陨石也。

昆阳之战(公元二十三年),刘秀以三千精兵大破王莽四十万大军。战争前夕,天降异象,大量陨石打在王莽的军营中,造成士兵的恐慌,《后汉书》如此记载:“夜有流星坠营中,昼有云如坏山,当营而陨,不及地尺而散,吏士皆厌伏。”“碩”“陨”“殒”三者通用,发音相同且都有坠落之意。陨石又写成碩石,如《春秋传》:“碩石于宋五。”坠落的流星经过大气层,会因高速摩擦而燃烧,以至于边角被磨圆,故以圆石来表达。除此以外,“碩”也可以是从万丈溪流滚落的圆石,如《淮南子》:“若转员(圓)石于万丈之溪。”“碩”的本义为从高处滚落的石头,引申为坠落。

碩硕

shuò

坚硬如“石”()的大“头”(,页)。

引申为坚固、大而美好,常用词如硕大、丰硕、健硕或壮硕(健壮)、硕交(坚实的交情)、硕士、硕彦等。《说文》:“硕,头大也。”

金

篆

琥

hǔ

“虎”（）形“玉”（）器。

虎形玉器是周朝将军所持有的发兵信物，其作用相当于虎符。如《周礼》：“驵圭、璋、璧、琮、琥、璜之渠眉。”《说文》：“琥，发兵瑞玉，为虎文。”此外，琥珀则是一种黄色透明的松脂化石，颜色像虎皮。

碧

bì

“透明如玉”（，珀）的美“石”（）。

常用词如碧玉、碧绿、碧蓝、碧血、碧海青天等。

㊎

珀

pò

“透明”（，白）如“玉”（）。

“珀”即琥珀，它是一种黄色透明的松脂化石。

磁

cí

会使物体“群聚”（，兹）的矿“石”（）。

中国古人称天然磁石为“慈石”，能吸引铁质物品。《淮南子》：“慈石能引铁。”

礦矿

kuàng

蕴藏于“广”（ ）大岩“石”（ ）层中的物质。

古人在岩层中开采各种矿物，如煤矿、铁矿、铜矿、锡矿、金矿等。

磷

lín

会产生“鬼火”（ ，粦）的“非金属”（ ，石）元素。

磷是原子序数为十五的非金属元素。动物的骨骼中都含有磷，遇空气就会产生“自燃”现象。因此，古人在坟地常见磷火，就称之为鬼火。

碳

tàn

存在于木“炭”（ ）里的“非金属元素”（石）（ ）。

碳是原子序数为六的非金属元素。它是构成有机物的主要成分。

有许多被用来代表“非金属元素”的近代造的字都被加上“石”作为偏旁，除了上述磷、碳以外，还有碘、硫、硼、硝、矽、硅等，都属于形声字。

石制器物

宕

dàng

凿“石”（）造“屋”（）。

中国古代除了凿穴而居或搭木造屋以外，还有一种特别艰难的造屋方式，就是凿建石屋。重庆忠县天池山上隐藏了四十八间神秘石屋，石屋内还有石床、石灶及石碗等，据传是四千年前巴人的居住地。在坚硬的岩石上要凿建出一间间的石屋，极为费时，此种造屋景况也成了古人的造字背景。“宕”的引申义有数个：其一为凿石，如宕户或宕匠都是指凿石工人；其二为拖延，此乃因凿石造屋需时甚久，相关用词如延宕；其三为穿过，此乃取凿穿之义。《说文》：“宕，过也。一曰洞屋。”天池山上的石屋像是一座碉堡，“碉”顾名思义就是一座四“周”都是“石”头的房子。

甲 金 篆

碉

diāo

一座四“周”（）都是“石”（）头的房子。

“碉”是用石材建造的坚固房子，常用词如碉堡、碉楼等。《玉篇》：“碉，石室。”

如“罗伞”（ ，卑）一样竖立的“石”（ ）块。

篆

碑

bēi

石碑就像一块竖立的盾牌，上面篆刻着纪念性的文字。常用词如石碑、墓碑、碑文等。

柱“石”（ ）。

篆

礎 础

chǔ

“础”就是柱石，是垫在柱子下面的石头，又称柱础，如《淮南子》：“山云蒸，柱础湿。”引申为事务的根本，常用词如基础、础石等。

“宛”（ ）转的“石”（ ）制器物。

碗

wǎn

“碗”是盛食物的半球形容器，倒在桌面时会滚动，故以“宛”来形容。常用词如饭碗、汤碗、碗筷等。

如树“叶”（ ，枼）般的小“石”（ ）盘。

碟

dié

引申为底部平浅的小盘子或类似制品，常用词如小碟子、瓷碟、光碟、飞碟等。

砲

pào

“包”（）着“石”（）头弹丸的武器。

“砲”同“炮”。古代的甩石机用来发射石头弹丸，后来发明了火药弹，于是，“砲”就被改写成“炮”了。

声

shēng

用草绳悬挂的石片。

古人将石片或玉片以草绳悬挂起来，当作敲击乐器。现今，“声”也是“聲”的简体字。

磬

qìng

或写作“殸”，，qìng。“手持木棍”（，殳）敲击用“草绳悬挂的石片”（，声）。

本义为用石头制成的打击乐器。

甲

金

篆

聲 声

shēng

击“殸”（）所发出的乐音进入“耳”朵（）。

“殸”为用石头制成的打击乐器。引申为一切物体所发出的声音。

甲

篆

罄

qìng

“罐”（，缶）子空了以至于发出如“殸”（）般的清脆声音。

“罄”是空罐，引申为东西用尽了，相关用词如罄竹难书。《说文》：“罄，器中空也。”

 篆

碻确

què

磬“石”（）的乐音有如“鹤”（，隺）鸣，能传到远处。

磬是古代的石制敲击乐器，上等的磬声音清脆而且能传到远处。“确”的本义是音色悠扬的石片，引申为真实的、无可怀疑的，常用词如确实、明确、确定、的确、真确、确凿、正确等。《说文》：“磬也。”

隺

hè

叫声直达“天庭”（，冂）的“飞鸟”（，隹）。

“隺”是“鹤”的本字。鹤的气管长达一百五十厘米，卷曲在胸腔内仿佛一只法国号，鹤的鸣叫声可以传到数里之外。古人对鹤的鸣叫声印象特别深刻，认为它的叫声可冲破云霄，上达天庭，因此，《诗经》说：“鹤鸣于九皋，声闻于天。”《论衡》：“夫鹤鸣云中，人闻声仰而视之。”

 篆

“鸣叫声可上达天庭”（，雈）的“鸟”（）。

鶴鹤

hè

“鹤”本写作“雈”，代表一只叫声直达天庭的鸟。古人总将鹤与仙人关联在一起，传说中的成仙之人都是骑着鹤飞向天庭。常用词如白鹤、丹顶鹤、驾鹤西归、鹤发童颜、闲云野鹤、风声鹤唳、鹤寿千岁等。

篆

以石器加工

“手”（）执“石”（）锄开垦。

拓

tuò

石锄、石铲普遍于新石器时代遗址被发现，如陕西西安的半坡文化。他们用石锄及石铲开垦土地，用石刀收割庄稼，用石斧砍伐树木。“拓”的本义是开辟土地，如《吴子》：“辟土四面，拓地千里。”引申为开垦、扩充，常用词如拓荒、开拓、拓展、拓殖等。

篆

用“石”（）斧凿出一个“开口”（，欠）。

砍

kǎn

引申为用石斧将物体劈开，常用词如砍柴、劈砍、砍断、砍头等。

砌

qì

被“切”（ ）割过的“石”（ ）块。

切割好的石头可做成阶梯，也可用来建造屋墙，故引申为堆叠或建构，常用词如堆砌、砌砖、砌墙等。

篆

碾

niǎn

用“石”（ ）器将东西“压平”（ ，展）。

半坡文化出土的石碾就是用来滚压东西的器具。“碾”引申为滚压，常用词如碾平、碾压、碾米等。

破

pò

表“皮”（ ）被“石”（ ）头磨破。

本义是表皮裂开，引申为裂开、分散开来，常用词如破裂、破伤风、残破不堪、家破人亡等。

篆

磨

mó

以表面粗糙的“石”（ ）磨棒磨去苎“麻”（ ）的硬皮。

古人制麻，先将硬皮磨去再抽麻丝。引申为不断摩擦使物体变细小或变光滑，常用词如研磨、磨墨、磨灭、磨光等。半坡文化出土的石磨棒可用来磨去麻皮，它与石磨盘组合还可用来磨米或磨去谷皮。

研研

yán

在“两相并列”（，幵）的“石”（）头中间相磨。

甲骨文表示两块“石”（）磨米，是象形字。古人研米，将米放在两块石头之间，相磨之后就能成粉或米浆。引申为将东西磨细，常用词如研磨、研制、研究等。就考古而言，新石器时代主要的磨米器具首推石磨盘与石磨棒，两者组合成一套完整的磨米器具，将米放在两者之间就能磨出粉来。无论是在半坡文化、贾湖文化中还是在裴李岗文化中考古学者都有相似发现。《释名》：“粉，分也，研米使分散也。”

 甲

 篆

幵

jiān

一对发簪。

“幵”就是发簪，是“笄”的本字。成年女子用它来固定发髻，成年男子则用它来固定冠帽。早在新石器时代，笄的使用就已经非常普遍。殷墟妇好墓出土了四百九十九件骨笄，它的形状以“干”字形或类“干”字形为大宗。金文表示一支发簪，小篆表示一对发簪，其形状与四千年前龙山文化及三千年前妇好墓的骨笄或玉笄都是一致的。本义为一对发簪，引申为整齐、并列。《仪礼》记载：“女子许嫁，笄而醴之，称字。”可见周朝贵族女子必须在订婚（许嫁）时行笄礼，由母亲为她梳一个发髻，再插上发簪。发簪

 金

 篆

若是两支左右对插，则称为“衡笄”。笄礼一般在女子十五岁举行。成年男子行戴冠之礼，戴冠时用“双笄”从左右两侧插进发髻加以固定，然后在两端的笄首系上丝带拉到下巴固定住，此种发簪称为“冠笄”，有皮弁笄与爵弁笄两种。《仪礼·士冠礼》：“皮弁笄，爵弁笄。”

碰

pèng

两块“石”（）头“并”（）靠。

本义为两物相撞击，引申为相遇，常用词如碰触、碰面、碰撞、碰壁等。

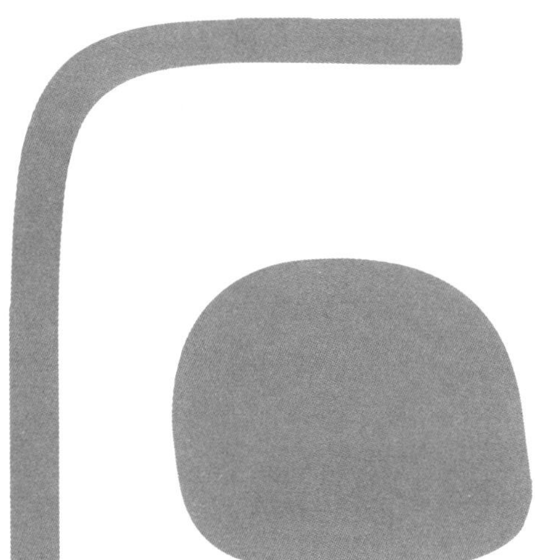

开采石材

人类自古以来就使用石器，可是他们如何开采石材呢？甲骨文表示以“长柄大斧”击“石”取材。由于开采石材的工作很艰辛，商朝人因此动用奴工，从甲骨文、中可看出，使用被抓来的“邻国人”（方、尣）取石材以制成“磬”。“匹”的金文、、、代表一片片“石”（）材；（段）表示持长棍处理一片片石材。以下对照表显示“石”衍生出“匹”“辰”与“厚”，“匹”再衍生出“段”与“叚”。

现代汉字	示意图	甲骨文	金文	篆体	构字意义
石					“山崖”边的石材
匹				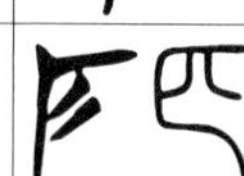	一片片“石”板
段					“手持长棍”处理“一片片石板”
叚					“两只手”合力扳开“一片片石板”
辰					前往“石”砌的河堤
厚					将一块块“石”头摞起来

緞
鍛
段
假
蝦
瑕
叚
匹
暇
霞 遐
甚
堪
戡
勘

匹

pǐ

“山崖”（，厂）边的一“片片”（）石材。

金文、、、表示取出一片片“石”（）材。篆体简化为。“匹”引申为片状物或量词，如布匹、马匹等。

金

篆

甚

shèn

“许多片”（，匹）“甘”（）美之物。

许多片甘美之物加在一起，肯定是更加甘美了。引申为“非常的……”，常用词如甚好、甚美等。《诗经》：“旱既大甚，则不可沮。”“其人甚远。”《尚书》：“其道甚大。”后来，甚又用作疑问词，如为什么？什么事？《说文》：“从甘从匹，耦也。”

金

篆

堪

kān

“非常”（，甚）坚硬的“土”（）块。

古人以土块造屋与制陶，对于土质或土砖都有一定程度的要求。“堪”的本义是非常坚硬的土块，引申为承担得起，常用词如足堪、堪称、难堪、堪虑等。

金

戡

kān

“非常”（，甚）强大的“武器”（，戈）。

引申为战胜，如戡乱。《尚书》：“西伯既戡黎。”

勘

kān

“非常”（ ，甚）卖“力”（ ）地（做某事）。

为了使产品的质量能达到标准，必须努力比对与检验。“勘”引申为努力校对与检验，常用词如校勘、勘查、勘验、勘误等。

段

duàn

“手持长棍”（ ）处理一“片片石材”。（ ，匹）。

石材是人类最早利用的天然材料之一，考古学者在新石器时代及殷商遗址中已发现石板屋、石板棺等。古人取石材时，是将长棍插入石板缝中，利用杠杆原理，撬开一片片的石板，然后再以长棍等器具捶打石材。“段”是“碫”的本字，本义是生产石材。因为石材是从山崖大石分离出来的，所以“段”引申为整体中的一部分，相关用词如片段、分段、段落等。

金

篆

鍛锻

duàn

“打造”（ ，段）“金”属。

引申为锤炼，常用词如锻造、锻炼、锻接。《说文》：“小冶也。从金，段声。”

叚

jiǎ

用“手”（ ）扳开山崖边的一“片片石板”（，匹）。

金文 是用手扳开山崖边的一片片石板。另一个金文 又添加了一只手。两手一上一下，有向外拉开石板的意思。引申为借助他人、裂缝。

金 篆

蝦虾

xiā

喜欢栖息在岸边“石板”（，叚）缝里的“虫”（）。

岸边的虾蟆或虾都喜欢隐藏在石缝或石堆中。常用词如虾蟆、癞虾蟆、龙虾、虾米、虾皮等。《说文》：“虾蟆也。”

篆

瑕

xiá

有“裂缝”（，叚）的“玉”（）。

“瑕”本义是有裂缝的玉，因此，《广雅》诠释说：“瑕，裂也。”《周礼·考工记》也说：“深瑕而泽。”“瑕”引申为有不完美的玉，相关用词如瑕疵、瑕不掩瑜。

篆

暇

xiá

有“空隙”（，叚）的“日”（）子。

“暇”代表空闲的日子，相关用词如闲暇、暇日。《尚书·酒诰》：“不敢自暇自逸。”

篆

假

jiǎ

借助他“人”（）的手来扳开山崖边一“片片石板”（，叚）。

要扳开岸边石板，自己的手不够用，必须借用他人的手。金文及篆体表示山崖（或岸边）的一片片石板及扳开石板的两只手，具有两人互相合作的意思，引申为借助于他人、不完全出于本人、不真实、休息，常用词如假借、虚假、请假等。

篆

砌石筑堤开垦

早在龙山文化时期，中国人就有以石头砌墙的传统。四千年前的石峁古城墙都是由石头砌成的，故称为石头城。古代的农业文明都是沿着河岸发展，在河边广泛开垦梯田。但为了防止土壤流失及河水泛滥淹没农田，因此必须修建河堤。在古代，最佳的修建河堤的方式就是石砌。古代的石砌河堤相当普遍，年代至少可溯及商朝，考古学家在河南偃师商城内发现了石砌水池，可见商朝的石砌技术已相当进步。“辰”的甲骨文、、、、都含有“石”（）或“厂”，表示将许多石块堆砌成河岸。另外两个甲骨文、在上端加上一横，更显示了一层层往上叠的意思。、添加了一只脚，代表前往河边。代表双手建造石砌河堤，金文代表两只手拿着一块石头堆砌在河堤上。、又添加草木，表示建造河堤以种植草木。

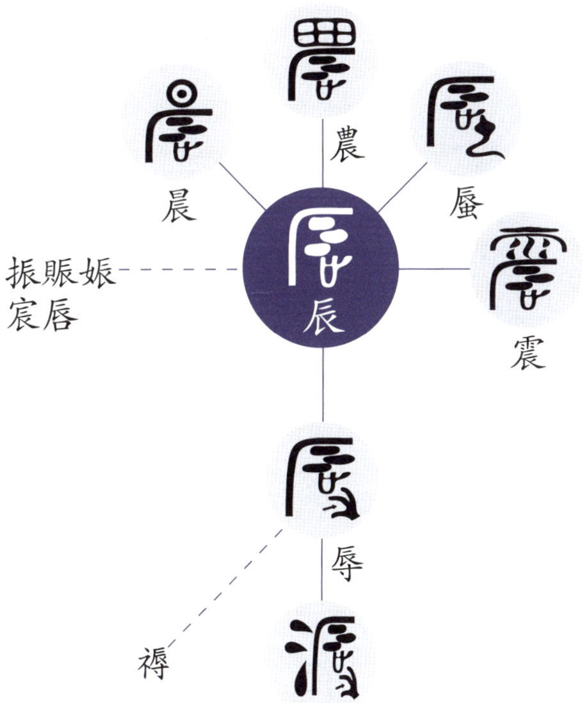
晨
農
蜃
辰
振赈娠
宸唇
震
辱
溽
褥

“前往”（ ）“石”（ ）砌河岸（ ，厂）开垦。

辰

chén

辰时是七点到九点，正是太阳升起，农夫纷纷前往河堤边耕种的时候。由于古代农夫必须于辰时开始工作，“辰”因此引申为时光，相关用词如良辰、时辰。

“石砌河堤”（ ，辰）边响起一阵“雷”（ ）“雨”（ ）声。

震

zhèn

农垦时，突然来了一阵雷雨。措手不及的农夫纷纷找地方避雨。巨雷打在河水汹涌的岸边，脚底感受到大地的震动。黄河中下游有个地方叫雷泽，又称雷夏泽，以雷声大而闻名。《山海经》说：“雷泽中有雷神，龙身而人头。”《史记》也记载：“舜耕历山，渔雷泽。”

“前往石砌河堤”（ ，辰）边耕“田”（ ）。

農农

nóng

金文 、 是在“辰”（ 、 ）上添加“田”（ ）。用来表示在河堤边开垦农田。

晨

chén

“太阳”（）升起就“前往石砌河堤”（，辰）边从事农耕。

引申为清早太阳出来的时候。

 篆

辱

rǔ

亲“手”（，寸）“堆砌河堤”（，辰）。

甲骨文及金文是“辰、又”的合体字，代表亲手堆砌河堤。由于人们在河边开垦，手脚一定会弄脏，故“辱”引申为污秽，相关用词如污辱、辱没等。另外，“辱”也引申为浸湿，通“溽”，如《礼记》：“土润辱暑。”

 甲

 金

 篆

蜃

shèn

在“石砌河堤”（，辰）边时常会遇到的“虫”（）类。

蜃，贝类生物。

 篆

第二章 土地与祖先

中国人自古以来即尊敬土地与祖先，因为此两者皆具有生养众生的意义。土地生养五谷菜蔬，祖先繁衍出子子孙孙，使人类能生生不息。发人深省的是，土地与祖先的代表符号都含有“上”开始，都具有从根基往上不断发展的意义。

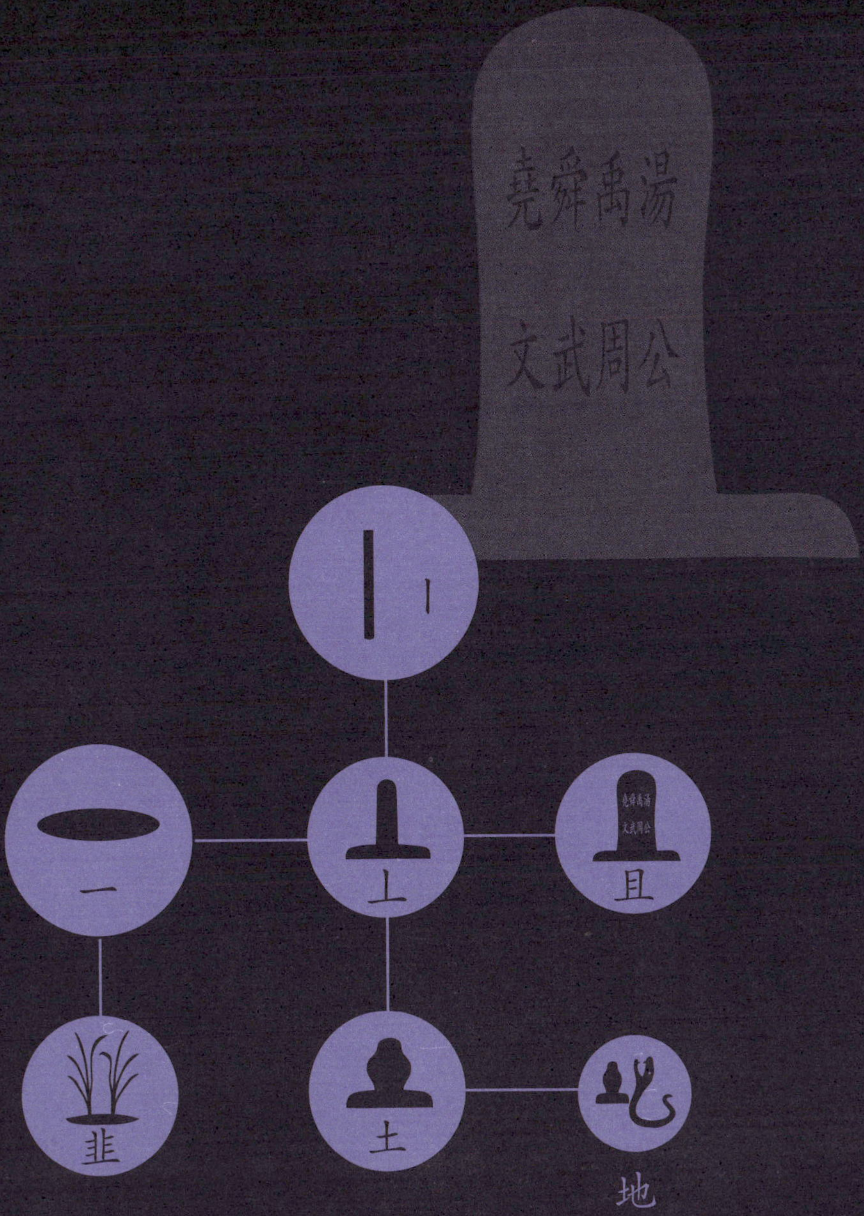
堯舜禹湯
文武周公
丨
一
上
且
韭
土
地

“丄”（shàng）的甲骨文代表直立之物。若分析“丄”的构字元素，则可分解为“一”及“丨”，前者代表地基或根基，后者代表垂直耸立。古人夯土建造高台作为祭天的场所，故甲骨文被用来代表“土”台，如甲骨文（基）。后来，此符号也被应用于雄性动物高举的生殖器，在甲骨文当中，（牡）代表公牛，代表公羊，代表公猪，代表公鹿。这些字的共同点在于都有一个雄性生殖器（）的符号，后来此符号被改写成“土”。除此以外，“且”（祖）的甲骨文、也像男人的生殖器，与的构型相似，也是同源演化的结果。由以下“丄、土、且”的对照表可知，三者之间具有同源衍生的关系。

“丄”后来演变为“上”的异体字。《说文》：“丄，高也。”

现代汉字	甲骨文	金文	篆体	构字意义
丄				直立之物 （雄性生殖器或土台）
土				直立的土堆
且				男性生殖器
牡	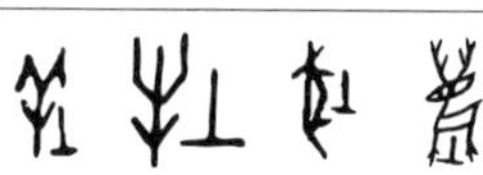			雄性动物。其中“丄”后来被改写成“土”
基				用畚箕建造土台，“丄”最终被改写成“土”
駔				雄马。“土”与“且”都代表雄性生殖器

土地

土

tǔ

垂直立起的土堆。

土的甲骨文有两种构型：（丄）、代表直立的土台或土堆；另一种构型、代表地上的一团陶土，、代表两只手在捏制陶土。篆体出现以后，此两种构型统一写作“土”。常用词如土地、土壤、黏土、领土等。在汉字当中，“土”除了代表土地、泥土以外，也代表地域、地形、垦土种植、夯土建造与陶土器具。

甲

金

篆

地形与地域

地

dì

“蛇”（，也）贴着“土”（）地爬行。

蛇与土地关系最为密切，它除了住在地洞，行走时身体还紧贴着土地蜿蜒而行，故古人以此来形容土地。“地”原指土地，是人类与万物栖息的场所。常用词如地球、地面、大地、遍地、本地、田地等。《焦氏易林》：“长尾委蛇，画地成河。”

篆

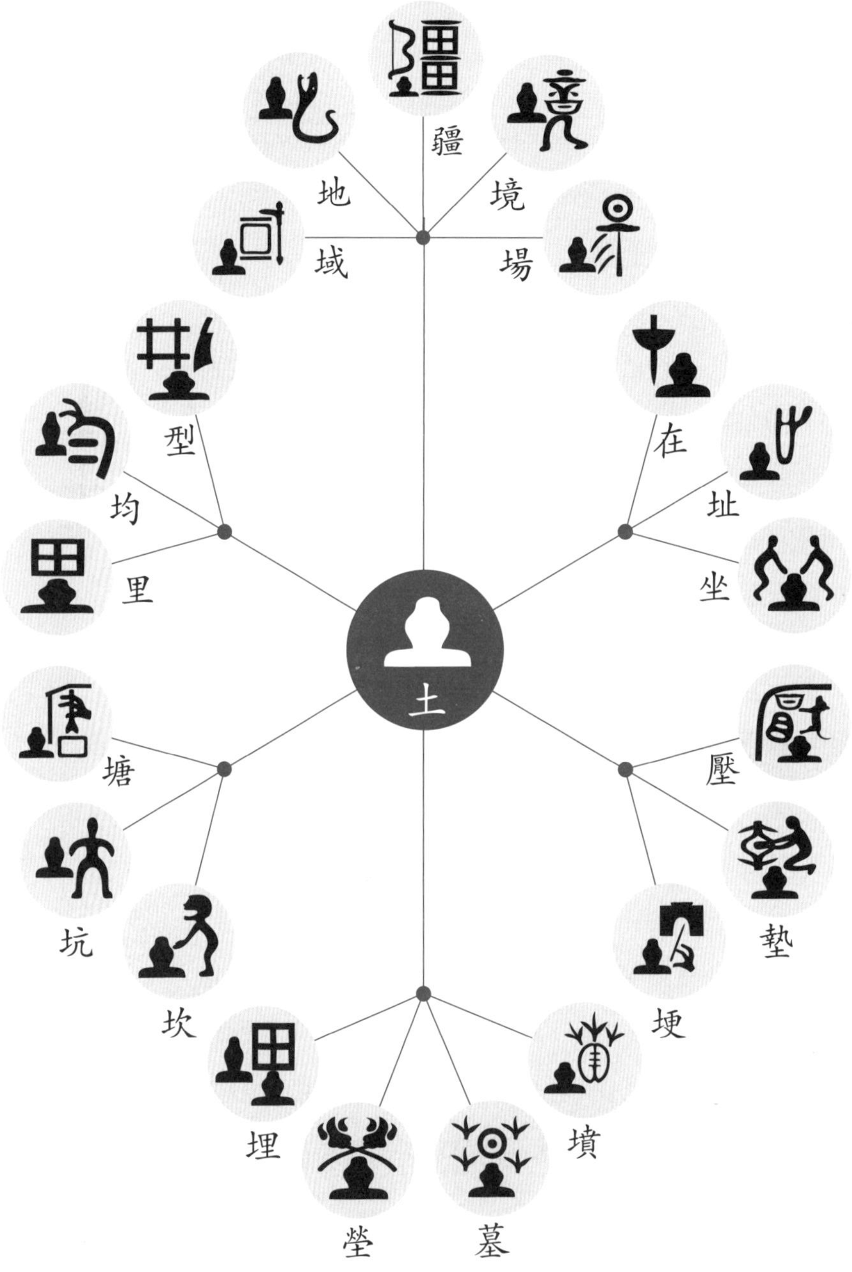
土
疆
地
境
域
場
型
在
均
址
里
坐
塘
壓
坑
墊
坎
埂
埋
墳
塋
墓

也

yě

一条张口的蛇。

“也”的甲骨文、金文、战国包山楚简上的、、都是描写一条张开口的蛇，到了小篆改写成。蛇可以吞食比自己身体直径大许多倍的动物，《山海经》说：“巴蛇食象。”显然，能将动物吞食的蛇口是令古人印象深刻的，因此造出此汉字。“它”“也”“虫”都代表蛇，因此“蛇”与“它”是通用的，在古文里都代表蛇。许慎认为“也”是女性生殖器官。《说文》：“也，女阴也。”

甲 金 篆

域

yù

“城邦”（，或）所坐落的“土”（）地。

引申为一定范围的土地，常用词如区域、领域、国域、海域等。

篆

疆

jiāng

“田”（）产与“土”（）地的“边境”上有“弓”（）箭手防守着。

金 篆

境

jìng

“土”（ ）地“终了”（ ，竟）之处。

本义为边界，《说文》：“境，疆也。一曰竟也，疆土至此而竟也。”《焦氏易林》：“御狄于境。”常用词如境界、境内、境外等。引申为地方或景况，如仙境、环境、顺境、逆境、家境等。

篆

場 场

cháng

将收获的农作物铺在“土”（ ）地上让太“阳”（ ，昜）晒干。

“场”是表示农家的晒谷场。农人将收获的稻谷、萝卜、冬瓜等晒干，然后储存起来。

篆

坐落

在

zài

“木桩”（ ，才）稳固地扎在某一块“土”（ ）地里。

“在”的甲骨文 与“才”通用，本义是把木桩敲进地里，引申为生存于某地，常用词如存在、所在。《说文》：“在，存也。”

甲

金

篆

“脚掌”（，止）所踏的“土”（）地。

“址”就是所踏之地，引申为处所，常用词如地址、遗址、会址、校址等。

址

zhǐ

篆

两人准备坐“地”（，土）上休息。

古人席地而坐，因此坐下时膝盖先着地，臀部再放在脚跟上。古时候称“跪”为“坐”，至今日本人仍保持这个习惯。

坐

zuò

篆

在“土”（）地上生活的“人”（）。

（请参见第一册的衍生字）。

壬

tǐng

甲

篆

土地划分

九百亩“田”（）及其间的“土”（）地。

在周朝的井田制度中，所谓的“一里”就是九百亩农田及其间的土地。《韩诗外传》：“古者八家而井田。方里为一井。”《孟子》：“方里而井，井九百亩；其中为公田，八家皆私百亩。”（一里

里

lǐ

金

篆

见方的土地划分为一块井田，共九百亩；中间一百亩为公田，其余八百亩为私田，由八家耕种。）

均

jūn

“齐平”（，匀）地分配“土”（）地。

常用词如平均、均分、均等。周朝就有平均地权的观念，《周礼》记载：“以土均之法……均齐天下之政。”

金 篆

型

xíng

或荎，将“土”（）地强制“划分”（，刀）成“井”（）字形。

“荎”是“型”的古字，表示“井”字形的“土”地，引申为被规范的模子或样式，常用词如模型、发型、脸型、典型、血型。古代的模子，用木头做的叫“模”，用竹子做的叫“範（范）”，用土做的则叫“型”。（请参见《礼记·王制》。）

金 篆

坟墓

埋葬“勇士”（，贲）的“土”（）堆。

墳 坟

fén

 篆

战争时，勇士堆起一长排的土堆当作掩体，来防范敌人的攻击。“坟”的本义是堤防，如《诗经》：“遵彼汝坟，伐其条枚。”《楚辞》：“登大坟以远望兮。”后来，“坟”被用来表示埋葬死人的土堆，如坟墓、坟茔、坟地等。

胜利的勇士得到“财宝”（，贝）作为赏赐，头上戴着华美的“草饰”（，卉）作为冠冕。

賁 贲

bēn

 篆

“贲”就是勇士所得到的厚禄与冠冕，引申为勇士、勇猛、美饰，如《尚书》：“武王戎车三百两，虎贲三百人，与受战于牧野。”《周礼》记载“虎贲氏”的武官，相当于侍卫长，掌管君王的众护卫。《墨子》：“令贲士、主将皆听城鼓之音而出。”《诗经》：“皎皎白驹，贲然来思。”《广韵》：“贲，勇也。”各地原住民都习惯以佩戴有羽饰的头冠当作勇士的标志。汉朝时期的羽林军就是负责王室安全的护卫军，因侍卫头上都戴有羽毛而得名。羽林军的前身就是周武王身边头戴草饰的虎贲。就考古而言，西北岗殷商遗址一〇〇四号墓出土了很多青铜头盔，头盔顶有一根细长圆管，用来插羽饰或草饰。

墓

mù

将人“隐没”（，莫）的“土”（）堆。

篆

塋茔

yíng

发出“荧”（，荧）光的“土”（）堆。

“茔”似乎是形容会产生粼粼鬼火的坟墓，常用词如坟茔、茔地。

篆

埋

mái

“土”（）葬于乡“里”（）。

死后归葬于乡里是中国人的习俗。如《史记》：“悼公死于宋，归葬。”“怀王卒于秦，来归葬。”“罢兵归葬昭王。”《后汉书》：“妻上书乞归葬乡里。”“遣吏送其丧归乡里。”“埋”引申为以土掩盖，常用词如掩埋、埋葬、活埋、埋藏、埋伏等。周朝人居住地以里为单位，故“里”有居住地、故乡的意思。

垫压

壓压

yā

“狗”（ ，犬）将“甘”（ ）美的“肉”（ ）埋藏在“岸边”（ ，厂）的“土”（ ）里。

 篆

狗吃饱了，会将剩下的肉骨头埋藏在土里，等到饥饿时再食用。“压”的本义是埋在土里，引申为用力按下去，常用词如压迫、镇压、积压、压力、气压、血压等。“壓”（压）本写作“厭”（厌），代表饱足了。（请参见“厌”。）

墊垫

diàn

“将某物抓住”（ ，执）并放在“土”（ ）地上。

 篆

“垫”的本义是人把垫子放在地上坐，常用词如垫陷、垫没等。引申为把东西铺在下面，常用词如垫背、垫脚、坐垫、垫子、床垫、鞋垫、杯垫等。《方言》：“凡屋而下曰垫。”《尚书》：“洪水滔天，浩浩怀山襄陵，下民昏垫。”

坑坎

坎

kǎn

张开“口”（，欠）的“土”（）地。

引申为凹陷的土地，常用词如坎阱、坎坷、心坎等。新疆一带流行坎儿井，就是一种引雪水灌溉的暗沟。

 篆

坑

kēng

在“土”（）穴上“双脚立定”（，亢）。

上厕所俗称蹲茅坑，这是描写古人站在土坑上排出粪便，再以土掩埋的习惯。“坑”引申为凹陷的土洞、埋入地洞里，常用词如土坑、坑洞、粪坑、坑人、坑杀等。

塘

táng

在“缺口或凹洞”（，唐）的周围建造“土”（）堤。

“塘”的本义是堤防，如钱塘、瞿塘，引申为有护堤的海口或水池，常用词如池塘、水塘、荷塘等。每年农历八月十八日，钱塘江口的堤防上总会聚集无数游客，争睹钱塘大潮，亲身感受雷霆万钧的浪潮扑面而来。钱塘江口是口大肚小的海口，以前，潮水从海口灌进来的时候，常常冲毁民宅及田产，造成极大的损失。后来，三国时代吴国的曹华信号召百姓捐出财力、

 篆

物力与人力在此建造堤防，名为钱塘。顾名思义，就是用钱堆出来的堤防。《钱塘志》：“曹华信立防海塘，募致土石一斛与钱一千，来者如云。乃曰：不复需土。皆弃而去。塘成，因名钱塘。”

唐

táng

“手持耒插”（，庚）挖出一个“大洞”（，口）。

甲骨文是“庚、凵”的合体字，代表双手执耒挖出坑洞。甲骨文、将“凵”改写成“口”，代表挖出一个大洞。就考古而言，龙山文化及殷墟妇好墓的坑壁里都有使用木制“双齿耒插”的遗迹，可见古代以叉器具挖掘坑穴是非常普遍的。大禹治水及农耕也都是使用耒插挖土的。《韩非子》记载：“禹之王天下也，身执耒臿以为民先。”耒、耜、插、铲、镢都是古代常见的挖土器具。就构型而言，都属于长柄叉器，有单齿、双齿，也有三齿以上的；就材质而言，有木制、骨制，也有金属制的。这类的考古遗物非常多，如河姆渡骨耜（浙江省博物馆）、春秋时期的双齿青铜耒插（洛阳博物馆）、战国时期的铁三齿镢、大铁锸（湖北省博物馆）等。“唐”的本义是挖出大洞，引申为虚空、空洞、大缺口，常用词如荒唐、唐突。尧善于挖土制陶，号称陶唐氏。（“庚”是手执双齿耒插，请参见“庚”。）

埂

gěng

行走后“变得愈来愈硬”（，更）的“土”（）堤。

引申为田间可供行走的土堤，常用词如田埂。

篆

垦土种植

社

shè

使“土”（）地长出植物的“神”（，示）。

（请参见第七册第三章）。

金

篆

生

shēng

“土”（）里长出“小草”（，中）。

甲

金

篆

埔

bù

适合种植田“甫”（）的“土”（）地。

平坦的土地可以使田土均匀地浸泡在水里，有利于禾苗整齐生长。“埔”的本义是适合种田的平坦土地，引申为平地，常用词如海埔地、草埔等。

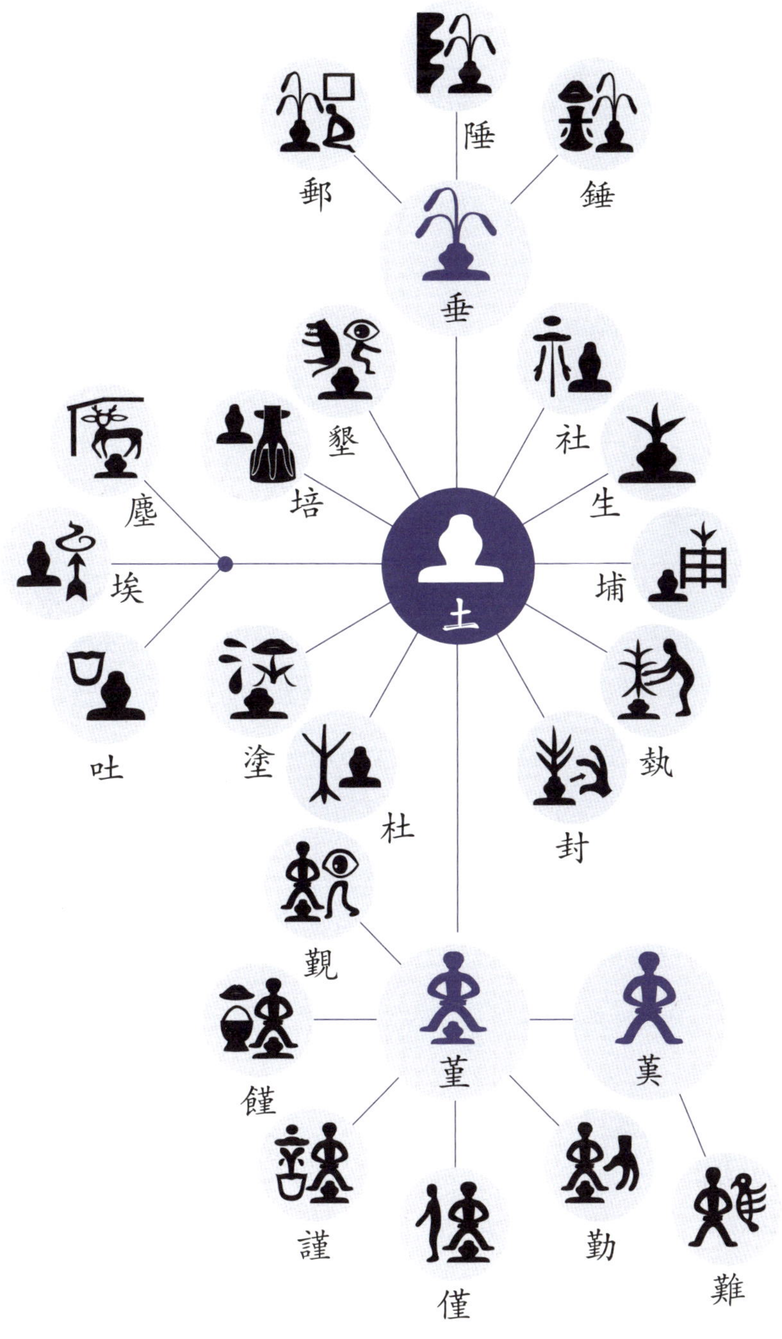
陲
郵
錘
垂
埜
社
培
生
塵
埔
埃
土
塗
埶
吐
杜
封
覲
墐
堇
莫
謹
勤
僅
難

一个人伸手（，丮）将尚“未”（）长大成熟的树种在“土”（）里。

埶

yì

甲骨文、和金文、都是代表一个人在种树。“埶”是“艺”“势”的本字（请参见第三册）。《说文》：“埶，种也。”

甲

金

篆

在领“土”（）边界以“手”（，寸）栽种“植物”（，丰）。

封

fēng

周武王得天下之后，实施“封建制度”，把国土赐给同姓宗亲，并让受封者在受封的领土边境广植树木，作为邦国的国界（请参见“邦”）。“封”引申为赐土地或爵位、领地、限制等，相关用词如册封、封疆、封闭等。郭沫若说：“古之畿封实以树为之也。此习于今犹存。然其事之起，乃远在太古。太古之民多利用自然林木以为族与族间之畛域，西方学者所称为境界林者是也。”

金

篆

在“土”（）地周围种植树“木”（）作为屏障。

杜

dù

古代有植林为界的习俗，无论是在国家还是庄园的边界都广植树林作为屏蔽，称为“树屏”。引申为阻隔或拒绝，常用词如杜绝、杜塞、杜

金

篆

口等。杜也指树木，至于树种则众说纷纭，有松科，甘棠、赤棠，杜仲、杜荣、杜若之说。

“荇菜”（，余）赖以生长的烂泥“土”（）及污“水”（，氵）。

塗涂

tú

荇菜属水生植物，生长在烂泥里，是古人眼中的美味佳肴。“涂”的本义是烂泥，如《康熙字典》：“涂，泥也。”《尚书》：“厥土惟涂泥。”《庄子》：“此龟者……宁其生而曳尾于涂中乎？”由于古人以烂泥土粉刷土墙，故引申为粉刷，常用词如涂污、涂鸦、涂改等。又引申为道路，如《孟子》：“涂（途）有饿莩而不知发。”

 篆

在植物根部增加“土”（）壤以扩张“根基”（，咅）。

培

péi

“培”的本义是在植物根部增加土壤，引申为额外给予滋养、保固，相关用词如培养、栽培、培育等。在古籍中，“培”与土壤堆积有关，除《吕氏春秋》中的培土概念外，《逸周书》也记载，冬天来临前，昆虫会用土堆积在洞口四周，以便封住洞口准备冬眠，此称“蛰虫培户”。《逸周书》：“秋分之日，雷始收声，又五日，蛰虫培户。”此外，所谓的“培墓”是指清明扫墓

 篆

时，增加土壤以修补坟墓，语出《礼记》：“丧不过三年，苴衰不补，坟墓不培。”

貇 垦

kěn

“回头看见”（，艮）野“猪”（，豸）在翻“土”（）觅食。

野猪常常翻土觅食，也喜爱在泥地里打滚儿。篆体代表野“猪”翻“土”觅食。《玉篇》：“豕啮地。”《广韵》：“豕食貌。”除了猪会翻土之外，其他兽类也会用爪蹄扒土或刨土，故隶书将其中的“豕”改写成“豸”。“垦”引申为翻土，常用词如开垦、垦荒、垦殖、屯垦区等。《说文》：“垦，耕也。”

篆

艰难的土地

堇

jǐn

艰“难”（，堇）的“土”（）地。

金文是“莫”“土”的合体字，代表艰难的土地。另一个金文是“黄”“土”的合体字，代表黄色的黏土。两者都是描写不易耕种的贫瘠土地，引申为贫瘠、稀少。

金

篆

茣

jǐn

双手被反绑的人。

甲骨文是一个双手被反绑的人，代表一个处于困境的人，是“難”（难）的本字。

甲 金

難难

nàn

落“难”（）的“鸟”（，隹）。

“难”的本字是“茣”，甲骨文代表一个落难的人。金文添加“隹”，变成了一只落难的鸟。另一个金文又添加“火”，表示一只遭火烤的鸟。引申为不好过，常用词如困难、难过、患难、艰难等。

甲 金 篆

勤

qín

一只强有“力”（）的手努力地在“贫瘠的土地”（，堇）上耕作。

常用词如勤劳、勤奋等。

篆

僅仅

jǐn

“人”（）口“稀少”（，堇）。

贫瘠的黄土地上，人口自然也少。“仅”本义为人数极少，引申为极少，相关用词如仅仅、仅有等。

篆

謹谨

jǐn

“言”（ ）语“贫乏”（ ，堇）。

引申为不轻易开口说话，相关用词如谨言慎行。

 篆

饉馑

jǐn

“食”（ ）物“贫乏”（ ，堇）。

引申义为蔬菜歉收或尚未成熟，相关用词如饥馑。

 篆

覲觐

jìn

“极少”（ ，堇）能“见”（ ）面。

周朝时，诸侯要到秋天才能“觐见”天子，普通老百姓更是一生难得见上天子一面，故“觐”专用于会见天子。《说文》：“诸侯秋朝曰觐。”

 篆

结实吐穗

垂

chuí

植物末端枝叶或穗实往下坠。

引申为往下坠落或传递，常用词如下垂、垂落、垂涎、泪垂满面、垂爱人间、名垂千古等。

 篆

陲

chuí

“垂”（）直而下的“城墙”（，阝）。

城墙是一座城邦的界限，故垂直的外墙就称为“陲”，引申为边界，如边陲。“垂”是“陲”的本字，如《荀子》：“边境之臣处，则疆垂（陲）不丧。”

 篆

錘锤

chuí

下“垂”（）的“金”（）属秤锤。

“锤”的本义是“秤锤”，如《周礼·考工记注》：“以为称锤以起量。”考古发现最早的秤是湖南长沙东郊战国楚墓出土的天秤，相关组件包括砝码、秤杆、秤盘和提绳等。其中的砝码，古代称为“权”，又称为“锤”。《广雅》：“权谓之锤，其形垂也。”锤的作用除了称重之外，也用在测量上。古人在绳子下端绑一个“铅锤”作为测量垂直所使用的准绳。“锤”引申为向下撞击之物，如铁锤、千锤百炼等。

 篆

郵邮

yóu

边“陲”（，垂）上的城“邑”（）。

周朝在边境上设置传递文书信件的机关，称为“邮”，使驻守在边境上的人可以向家人写信报平安，又可使朝廷公文的传递畅行无阻，可以说是最早的邮局。《孟子》：“置邮而传命。”《说文》：“境上行书舍。”引申为与邮局有关的事物，常用词如邮局、邮差、邮递、邮票、邮包等。

 篆

飞扬的尘埃

麤尘

chén

一群“鹿”（ ）奔跑所扬起的灰“土”（ ）。篆体 是由三只“鹿”及“土”所组成，本义为飞扬的灰土，常用词如灰尘、尘埃、沙尘暴等。引申为世俗，常用词如红尘、尘俗等。《诗经》：“鹿斯之奔，维足伎伎。”

篆

埃

āi

像“箭矢飞过”（ ，矣）的泥“土”（ ）。“埃”是指飞扬的尘土，如《楚辞》：“安能以皓皓之白，而蒙世俗之尘埃乎！”常用词如尘埃。《说文》：“埃，尘也。”

篆

吐

tǔ

释放出“口”（ ）中的泥“土”（ ）。不小心吃到沙土或不好的东西，就赶紧吐出来。“吐”的本义为将口中之物释放出来，如《诗经》：“柔则茹之，刚则吐之。”引申为说出，常用词如吐痰、吐气、吐露、谈吐等。

篆

起土建造

筑高台

基

jī

用“畚箕”（ ）运“土”（ ）以修建基座（ ，丌）。

甲
金
篆

《愚公移山》是《列子》所记载的寓言故事，书中提到，愚公家门前有太行、王屋两座高山，使得他出入不方便。苦恼的愚公决定把山铲平，于是年近九旬的愚公就率领全家上上下下，拿着“箕”与“畚”，执行此一不可能完成的任务。可见，畚箕是古代用来运土的重要工具。甲骨文 是“土”在“其”上，代表装满“土”的“畚箕”。金文 表示畚箕与基座（丌）。另一个金文 是“畚箕、丌、土”的合体字，代表以“畚箕”运“土”建立“地基”。本义为建造地基，引申为建筑物或物体的基座，相关用词如地基、根基、基础等。《列子》：“叩石垦壤，箕畚运于渤海之尾。”

堂

táng

“地基”（ ，土）稳固且“屋顶华丽的房子”（ ，尚）。

金
篆

在周朝，对殿堂台基的高度是有严格规定的，地位高的人才能居住台基较高的房子。《礼记》

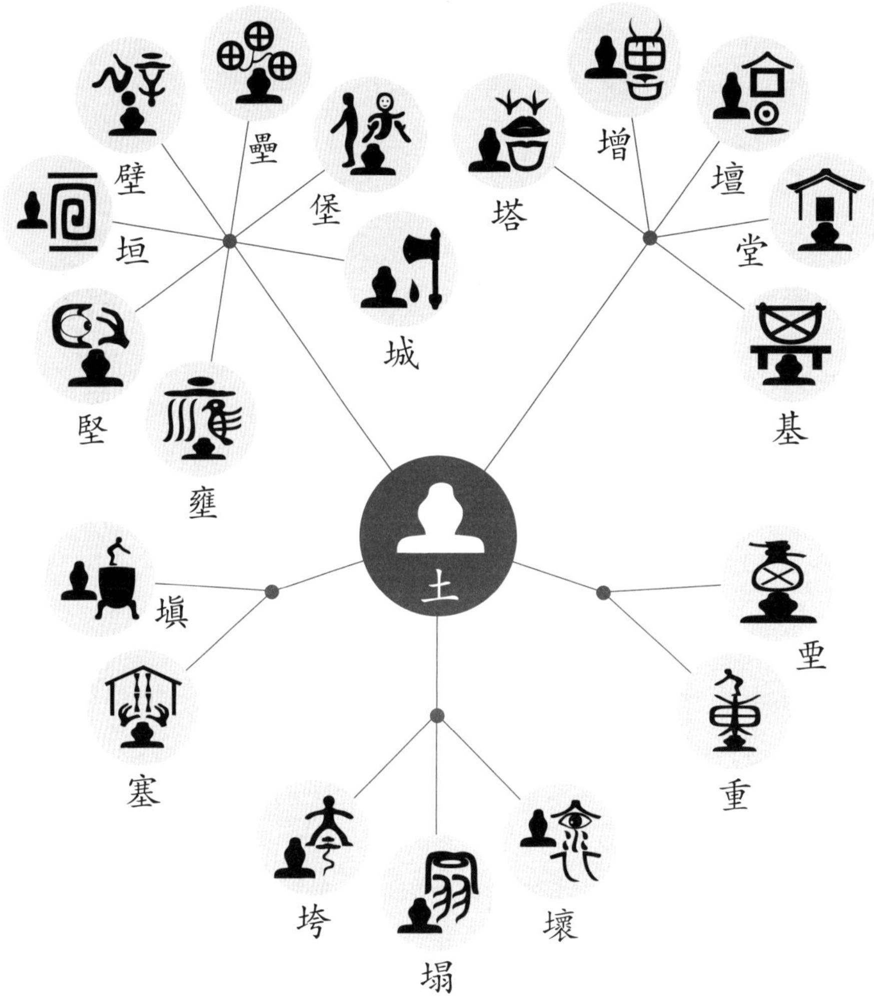

壁
壘
堡
垣
城
堅
壅
塔
增
壇
堂
基
土
填
塞
垔
重
垮
塌
壞

记载：“天子之堂九尺，诸侯七尺，大夫五尺，士三尺。”相关用词如殿堂、礼堂、公堂等。

壇坛

tán

渐渐“堆高”（，亶）的“土”（）台。

本义是筑高台，引申为临时搭建的高台，常用词如祭坛、论坛等。

 篆

增

zēng

在“土”（）台之上再加上一“层”（，曾）。

《老子》：“九层之台，起于累土。”古人造土台，一层又一层。“增”的本义为再加上一层，如《诗经》：“如川之方至，以莫不增。”扬雄《甘泉赋》：“增宫参差。”引申为加多，常用词如增加、递增、扩增等。“層”（层）本写作“曾”。

 篆

塔

tǎ

在“土”（）制建筑物的屋顶上“用茅草盖合”（，荅）。

引申为顶端高而尖的建筑物，常用词如金字塔、灯塔、宝塔、水塔、铁塔等。

 篆

城

chéng

士兵以“滴血的长柄大斧”（，成）捍卫的“土”（）地。

金

篆

“城”的本义是抵死保卫的一块土地。金文由“郭”及“戍”所组成，另一个金文由“土”“戍”所组成，代表以“长柄大斧”捍卫的“土”地。篆体被改写成“土”“成”的合体字，代表流血捍卫的土地，引申为有战士保卫的居住地，常用词如城市、城墙等。春秋时期，齐国被燕国攻下七十二座城，仅剩莒、即墨二城。燕国倾全力攻打，但莒城人民顽强抵抗，历经数年，不但屹立不倒，而且渐渐地成为复国基地，最终在大将军田单的带领下，打败敌人，收复了所有失地。莒城可以说是对汉字“城”的最佳批注。战国《尉缭子》：“尽资血城者。”（愿意耗尽财物守卫此城的人。）

堡

bǎo

能“保”（）护居民的“土”（）造建筑物。

常用词如堡垒、城堡、碉堡、滩头堡等。

“一个接一个”（，畾）的“土”（）包叠在一起。

壘垒

lěi

军营中的防御工事，许多沙包叠在一起的围墙，称为壁垒。“垒”也泛指与“土包”有关之物，如棒球中的垒包、一垒、二垒等。“畾”是“雷”的本字，代表连连的雷声。

篆

可以用来“避”（，辟）风雨的“土”（）墙。

壁

bì

墙壁具有用来躲避风雨或敌人的藏身功能，引申为具有隔离防护功能的东西，常用词如墙壁、细胞壁、壁炉等。

篆

在“外围环绕”（，亘）的“土”（）墙。

“垣”就是指围墙，常用词如断壁残垣、墙垣。

垣

yuán

金

篆

在“雍”（）水两岸用“土”（）筑堤。

壅

yōng

自夏禹以来，重要的水岸城市无不建筑堤防以隔离大水。《汉书》：“盖堤防之作……雍（壅）防百川。”西周政府在秋季时就会发布修筑堤防以备水患的政令。《礼记》记载："完堤防，谨壅塞，以备水潦。"《焦氏易林》也说："壅遏堤防。"《史记》："河决不可复壅。"以上有关"壅"的记载，说明了"壅"的本义是筑堤，引申为阻挡、隔绝，常用词如壅防、壅塞、壅闭等。古代所谓的"壅门"就是在门外设立一道隔离的围墙。《广雅》："壅，蔽障也。"

堅坚

jiān

"手疾眼快的人"（，臤）以"土"（）修筑建筑物。

古人以土做砖、制瓦罐、盖房子、建宫殿等，只有手眼协调能力好的巧匠才能做得坚实牢固，所以"坚"就引申为牢固，相关用词如坚固、坚守。

篆

倒塌

垮

kuǎ

"土"（）造建筑倒塌并"跨"（，夸）越到另一个建筑物之上。

本义为建筑物倒塌压在另一个建筑物之上，引申为倒塌、失败，常用词如垮台、打垮、拖垮等。

塌

tā

被“土”（）全面“覆盖”（，𦐇）。

土造房屋垮了，大量土块压在上面。引申为因支架松脱而垮下来，常用词如倒塌、崩塌等。

壞坏

huài

因“土”（）造建筑物或器具损毁而“泪湿衣襟”（，褱）。

常用词如毁坏、败坏。

 篆

填土

塡填

tián

用“厚重的鼎”（，真）压在“土”（）上。

在古籍中，“填”多与“镇”相通，具有重压或压平的意思。如《前汉纪》：“填（镇）国家，抚百姓。”“填”描写古人补土时，先将泥土倒入凹地，再用重鼎滚压其上，好比现代人使用压路机压平道路。“填”引申为补平、压实，常用词如填塞、填平、填空、填写等。《说文》：“填，塞也。”

 篆

“双手”（，廾）取“土”（）填补“房子”（，宀）漏洞，然后用“夯杵”（，工）夯实。

塞

sāi

“塞”的甲骨文代表许多只手拿着夯杵在屋子里四处夯打。古代的土造房子，老鼠等动物会来打洞，用久之后，墙壁、地面都可能损毁或出现许多孔穴。如何将这些洞穴塞住呢？《诗经·豳风》描写了先民对付鼠患的方法：“穹窒熏鼠，塞向墐户。”译成白话就是堵上房洞熏老鼠，以泥土堵死门户破洞。

甲

篆

搬土

“人”（）以“搬运工具”（，东）抬“土”（）。

重

zhòng

古代修建“土木建筑”，需要搬运大量的土。这种粗重的工作，需要强壮的男人。“东”是搬运重物的工具，具有搬运重物概念的古字“重”“量”“動”（动）、“曹”“陳”（陈）等都含有此构件。（请参见第三册。）

甲

金

篆

装满“一袋”（，西）“土”（）。

垔

yīn

每逢台风来临前夕，为防治水患，政府就会发放免费沙包给民众。四千多年前的鲧早已用过

金

篆

这招。“垔”是“湮”“陻”的本字，这三个字都在表达“堆土造墙以防治水患”，如《尚书》：“鲧陻洪水。”《焦氏易林》：“鲧湮洪水。”《史记》：“鲧陻鸿水。”“陻”的金文表示手捧一袋土用以造墙。

土制器具

陶豆灯

主

zhǔ

用陶“土”（）制的油灯。

篆

“主”的本义是一盏明灯，是“炷”的本字。《康熙字典》：“炷，本作主。”最早期的照明设备是火柱或火把，如甲骨文就是一根火柱或一支火把，在木杆上缠绕可燃物。后来出现了最古老的油灯，称为陶豆灯（或瓦豆灯）。陶豆是古代的盛食器具，其上为盛放食物的圆浅盘，中间为直柱，其下为圆足形底座。后来，古人将圆浅盘倒入灯油，加上灯芯，就成了油灯。到了春秋战国时期更出现了许多造型优雅华丽的青铜灯。篆体是一盏陶豆灯，其上为“灯芯”（或灯油），中间的“凵”代表“盛油盘”，其下的“土”代表用陶土制的。整体而言，代表用陶土制的油灯也就是陶豆灯。《尔雅》：“瓦豆谓之登（灯）。”在黑夜里，点起一盏灯，整个房间立时光明起来。而此灯火也成为释放光明的源头，为众所瞩目的主角，故引申为群体中最重

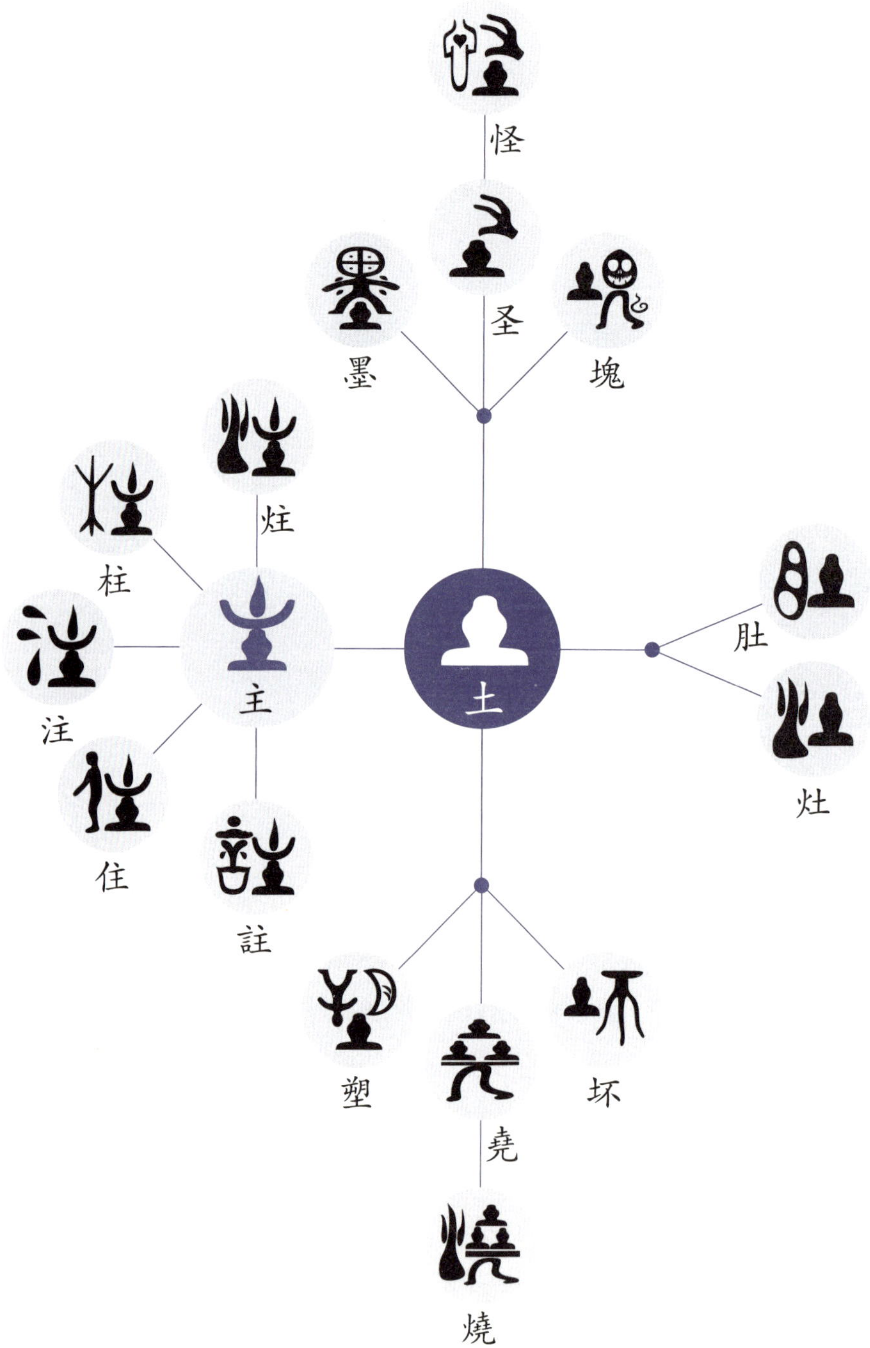
怪
圣
墨
塊
炷
柱
主
土
注
住
註
肚
灶
塑
垚
坏
燒

要的、领袖，常用词如主人、君主、主宰等。《尚书》说："惟天生民有欲，无主乃乱。"其中的"主"就是指能引导百姓走向光明的领袖。《说文》："主，鐙（灯）中火主也。"其他关于主的字源，有神主说与梁柱说，但都无法合理解释篆体构型且缺乏具体考古证物。

炷

zhù

"灯台"（，主）上的"火"（）。

引申为点燃、灯芯，常用词如灯炷（灯草芯）、艾炷、一炷香等。

柱

zhù

支撑"灯火"（，主）的"木"（）杆。

"柱"的本义是灯柱，引申为支撑用的长木，常用词如梁柱、柱石等。

注

zhù

把"液体"（，氵）灌入"灯台"（，主）之中。

陶豆灯需要加灯油才能继续燃烧。引申为灌入、凝聚、集中，常用词如注入、灌注、注射、专注等。《说文》："注，灌也。"

甲

篆

住

zhù

在屋内有“人”（）点“灯”（，主）。

到了夜晚，若见房子里有灯火就表示有人在里面。引申为歇息、停止，常用词如居住、住宿、站住等。

註注

zhù

“点灯”（，主）“说话”（，言）。

引申为把话说清楚，记住所说的话，常用词如注明、批注、注册等。

烧陶与泥塑

堯尧

yáo

“人”（，儿）顶着一堆陶“土”（）。

山西省襄汾县的陶寺遗址属于新石器的龙山文化，该遗址据传是尧的故都，所出土的陶器非常多，主要为手制，颜色较杂，纹饰以绳纹为主。“尧”的甲骨文是一个人顶着两块“土”，这是描写一个善于制作陶器的人捏制好陶土后，将它们一个个堆叠起来，然后以头或肩顶着，准备送进窑里烧制。“尧”引申为“高”。“尧”也是古代帝王“陶唐氏”的称号。“陶唐氏”是善于制作陶器的家族。《说文》：“尧，高也。”

甲

金

篆

“顶着捏制好的陶土”（，尧）送进“火”（）里，准备烧制成陶器。

 篆

燒烧

shāo

用泥“土”（）“重新开始”（，朔）捏造成模型。

塑

sù

黏土具有可塑性。古人用黏土捏造模型，若是不满意，可以重新再来。“塑”引申为做成模型，常用词如塑造、泥塑、陶塑、雕塑、塑像、塑料等。（“朔”代表每月初一或重新开始。）

挖土块

“黑”（）“土”（）。

墨

mò

 篆

黑陶是新石器时代晚期龙山文化的代表性文物，而黑土则是制作黑陶的主要原料。山东省阳谷黑土坑遗址，面积约五万平方米，为龙山文化的遗址。地表散布许多黑色陶片器物。“墨”的本义是黑土，引申为黑色的或黑色颜料，常用词如笔墨、墨宝、磨墨、墨绿色等。此外，石墨是一种黑色的软矿石。

圣

kū

用“手”（，又）挖“土”（）。

甲骨文是“又”“土”的合体字，旁边三个黑点代表土屑，整体代表以手挖土。殷商时期人们已普遍使用耒等工具挖土，若仍徒手挖土就显得落伍。“圣”是“怪”的本字。《说文》：“汝颍之间谓致力于地日圣。”

甲

篆

怪

guài

仍然使用“手挖土”（，圣）的“心”（）态。

依据考古证据，新石器时代已经有许多挖土用具，到了殷商时期更是普遍。无论是耕种或建造都离不开耒、插、铲等挖土用具。若有人仍以徒手挖土的落后方式耕种，势必遭到他人耻笑。引申为令人质疑的、特异的，常用词如怪异、奇怪、怪癖、鬼怪等。

篆

塊块

kuài

像“鬼”（）头般的大“土”（）块。

引申为团状的东西，常用词如土块、血块、冰块、块状、块根等。

篆

土灶

用砖“土”（）砌成的生“火”（）烹煮的设备。

常用词如炉灶、土灶、冷灶、病灶等。

灶

zào

以五行之说，肚腹是与“土”（）有关的“器官”（，肉）。

战国以后流行将五行之说应用于五脏，依据《黄帝内经》则有所谓肝属木、心属火、脾胃属土、肺属金、肾属水。其中，脾胃属土就是指肚腹与土有关。常用词如肚子、肚皮、肚量、肚兜等。

肚

dù

（“肚”是秦汉以后造的字。）

“圭”——累土为主

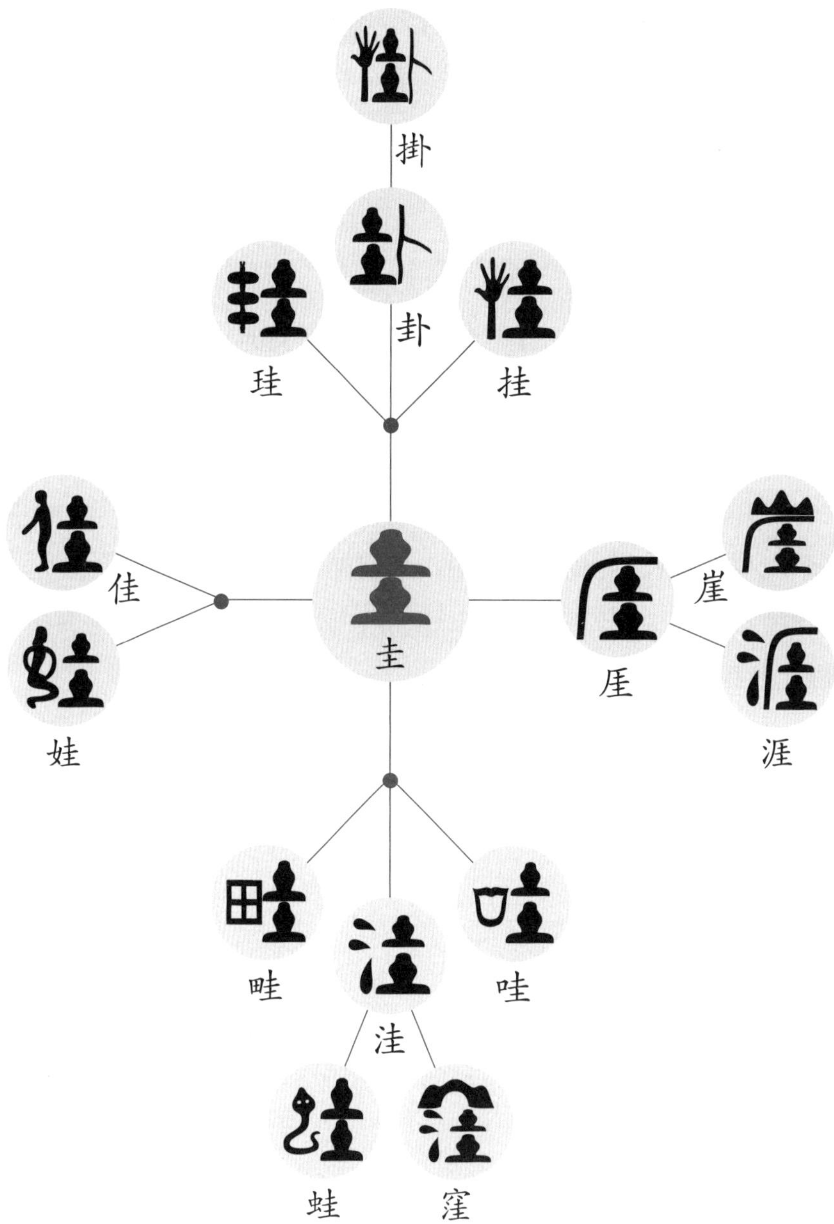

四千一百年前的山西省陶寺遗址中，有一座用来观测日出方位的观象台，此观象台是由十三根夯土柱由西向东呈半圆形辐射排列而成。考古学者何驽表示，观测者站在圆心可透过土柱狭缝来观测日出方位，并确定一年中的二十个节气。考古队实测后，发现从第二个狭缝看到日出时恰好为冬至，从第十二个狭缝看到日出时为夏至，从第七个狭缝看到日出时为春分、秋分。此观象台可以说是夏朝时期制定太阳历的重要依据，也证实了《尚书·尧典》所说的“乃命羲和，钦若昊天，历象日月星辰，敬授人时”的一段历史记录。这种直立的夯土柱后来演变为周朝用来观测日影的土圭（或圭表）。

圭

guī

层层叠起的“土”（）造柱台。

《周礼》记载：“以土圭之法测土深、正日景（影）。”“土圭”是测日影的夯土柱，后来改为木柱、石柱或金属柱，又称为圭表或日圭（日晷）。汉代以后的日圭，高度通常为八尺。圭的金文以重叠的“土”来表示土制的柱子、祭台或高塔，又称为累土成台（或塔）。如《老子》：“九层之台，起于累土。”《荀子》：“累土而不辍，丘山崇成。”此累土为台的构字方法与“棗”（枣）以重叠的“朿”表示高耸的概念是一致的（请参见“枣”）。后来，古人将玉磨制成直立高耸的样式作为祭天的礼器，也称之为“圭”。《周礼》记载，君王

金
篆

及爵位高的贵族执圭以祭天：“王执镇，公执桓圭，侯执信圭，伯执躬圭。”又记载：“四圭有邸，以祀天、旅上帝。”古人祭天时，用土堆起高耸的天坛，或立起通天柱，后来又搭配有玉琮、玉圭的通天礼器。这些祭天的场所或器物都有一个共同的特征，那就是存在着指向天庭的敬天概念。故宫所收藏的龙山文化中的玉圭，为长方柱，而商周时期的玉圭则多为上尖下方的形状。“玉圭”后来又写作“珪”。

楷书	金文	组成结构	构字本义
枣		两“朿”相叠	高耸有刺的树
圭		两“土”相叠	高耸的夯土柱
炎		两“火”相叠	高耸的火势
奆		两“大”相叠	高大的巨人

厓

yá

由“泥土层层叠起”（，圭）的“陡壁”（，厂）。

《说文》：“厓：山边也。”（请参见第五章的衍生字。）

甲

篆

洼

wā

雨"水"（，氵）从一"层层的土台"（，圭）流到低处。

古人在高台上向天祈雨。天降大雨，从高台流到低处。引申为有水的低地，后来写作"窪"。

（请参见"窪"。）

窪洼

wā

雨"水"（，氵）从一"层层的土台"（，圭）流到低处的洞穴（，穴）里。

引申为低陷之地，常用词如低洼、洼地等。

蛙

wā

在"洼"（）地生存的"虫"（）。

蛙类属两栖动物，喜欢栖息在有水的低洼处。常用词如青蛙、牛蛙、井底之蛙等。

畦

qí

一亩亩"田"（，田）坐落在"层层叠起的高台"（，圭）上。

古人在河岸边的坡地上修起一层层的梯田。"畦"本是形容梯田，引申为排列整齐的一块块长方形田地、菜园，常用词如稻畦、麦畦、菜畦等。

篆

哇

wā

在“高高的土台”（，圭）上呼“喊”（，口）。

无论是向天求雨，还是求远避灾祸，古人都会登上土台向天祭祀并呼求。“哇”引申为不断呼喊、哭喊，常用词如哇哇叫、哇哇大哭等。

 篆

珪

guī

“玉”（）制的“圭”（）。

“珪”是诸侯朝觐天子时所持的玉器。

 篆

卦

guà

执“圭”（）求问并观“卜”（）以明天意。

圭（珪）的形状上尖下方，象征从地上指向天庭，是古代祭天所用的礼器。祭祀者双手执圭，弯腰鞠躬，圭尖指向天。“卦”的本义是执圭求问，再观卜以知天意，引申为占卜所用的符号，如《易经》中的各种卦象。

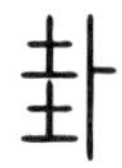 篆

挂

guà

双“手”（）举“圭”（）。

圭（珪）除了是祭天礼器之外，也是古代高官的信物。当大臣觐见君王时，必须弯腰鞠躬，同时双手将圭高高举起。这个姿势好像是要把物品立在高处，故引申为悬在高处。双手举圭也有求取功名的意思，如《庄子》：“好经大事，变更易常，以挂功名。”“挂”与“掛”相通。

 篆

掛挂

guà

双“手”（）举“圭”（）求问再观“卜”（）以明天意。

“掛”本写作“挂”。引申为将物品悬在高处，常用词如悬挂、挂牌等。“卦”也是声符。

佳

jiā

执“圭”（）之“人”（）。

“佳”是描写一位谦恭有礼的执圭者，引申为美好，常用词如佳人、佳节、佳音等。圭是表彰诚信之人之物，因此，古代诸侯觐见君王时，手上要拿玉圭；各国大使朝见时，也必须手持玉圭。孔子教弟子执圭的礼节，两手拿着圭时身体要弯曲鞠躬，好像拿不动的样子。向上举好像作揖，放下来好像交给别人。《白虎通》：“诸侯执圭以觐天子。”《礼

 篆

记》:“大夫执圭而使,所以申信也。”《论语》:“执圭,鞠躬如也,如不胜。”

娃

wá

如玉“圭”()般的“女”()人。

引申为美女,如娇娃、夏娃、女娃、洋娃娃等。《山海经》:“炎帝之少女名曰女娃。”

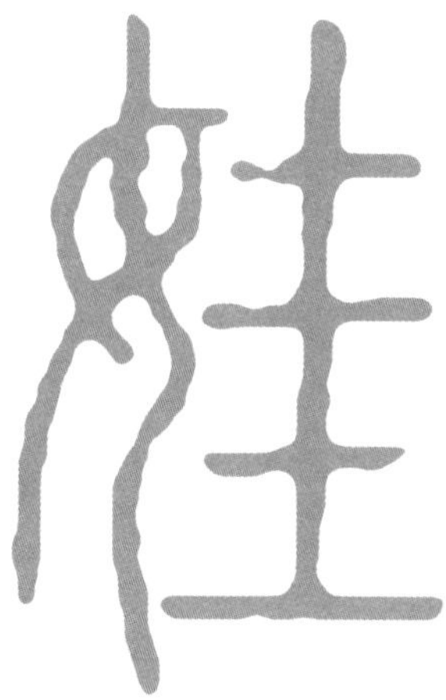

篆

祖先

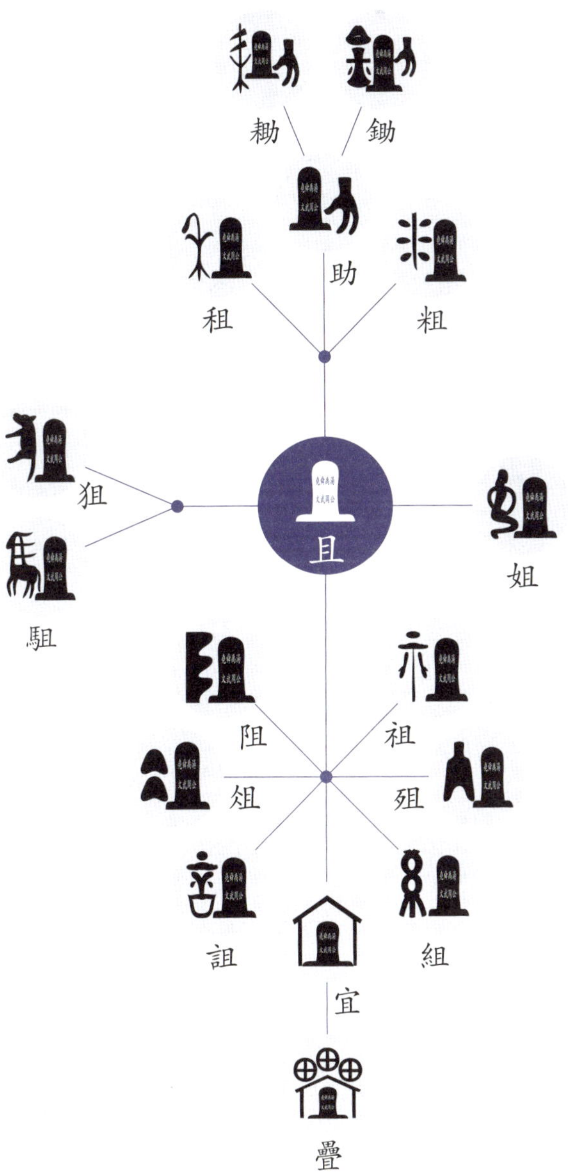

古人以向上挺立的男性生殖器代表祖先，除了表达生养众生、传宗接代的愿望之外，也表达了另一层意义。由于在甲骨文时期，其符号与高指向天的祭天土台相通用，所以也在传达祖先源自天的意义。

且

qiě

祖先或雄性生殖器。

甲 金 篆

“且”是“祖”的本字。在甲骨卜辞及青铜铭文中，“且”几乎都代表“祖”。且的甲骨文、、、，金文、、，以及篆体，都像是男性生殖器，因此郭沫若《卜辞通纂》认为“且”是“男性生殖器的形象”。依据考古发现，中国在新石器时代就有大量人造男性生殖器遗物发现，其中以陶制为多数，被称为陶且（祖）。其他还有石制、玉制、木制及铜制的。出土遗址遍及全中国，如三殿村遗址、福临堡遗址、铜川李家沟遗址、泉护村遗址、要庄遗址、下王岗遗址、信阳三里店遗址、渑池仰韶村遗址、侯家庄遗址、二里岗遗址、大地湾遗址、灰地儿遗址、张家嘴遗址、屈家岭遗址、赓家岗遗址、鲁家口遗址、荆村遗址、云南大理金圭村遗址、独料遗址、罗布淖尔遗址等等。由此可见，古代生殖器崇拜不但源远流长且相当普遍，无怪乎会以此图腾代表祖先。由于生殖器图腾具有双重

意义，故引申为“并”，或作为转折语，常用词如并且、而且、况且、姑且等。也有学者认为“且”代表用来切肉的砧板，是“俎”的本字，如王国维认为甲骨文“且”像俯视的俎面。然而，商周时期的青铜俎的俎面多呈长方形，而非尖头。再者，此说亦无法合理解释其底部的一横画。

“且”——代表雄性生殖器

駔驵

zǎng

或读 zù。有“雄性生殖器”（，且）的“马”（）。

引申为雄壮的马。《说文》：“驵，牡马也。”

金

篆

狙

jū

有“雄性生殖器”（，且）的“狗”（，犬）。

“狙”的本义是雄犬，由于雄犬具有猎食与保卫的责任，特别机警且动作敏捷，故引申为狡猾、伺机攻击，常用词如狙击、狙伺、狙候等。

篆

"且"——代表祖先

祖

zǔ

死后升天与"神"（，示）同住的"祖先"（，且）。

"祖"的甲骨文写作"且"，当祖先被逐渐神化后，部分金文添加"示"改写成祖，这样的改变是人们期望祖先死后成为神灵。"祖"引申为先代的人——创始者、父母的父母，常用词如祖先、鼻祖、祖母等。

甲 金 篆

宜

yí

在"屋子"（，宀）里追祀"祖先"（，且）。

古人认为上帝（或天）是万物的源头，而祖先是人类的源头，所以祭祀上帝的时候也会祭祀祖先。引申为适合的，常用词如合宜、不宜等。《礼记》："万物本乎天，人本乎祖，此所以配上帝也。"宜的甲骨文由两块"肉"及"且"所组成，表示将祭牲剖成两半以祭祖。渐渐地，隶书变成了"宀""且"的合体字。

甲 金 篆

疊 叠

dié

"供奉祖先"（，宜）的祭肉"一层层堆积"（，畾）。

"叠"的本义是祭品堆积如山，引申为堆聚，常用词如堆叠、重叠、叠罗汉等。"畾"的本义是雷声连连，在此表示一层层堆积。

金 篆

“死”（，歹）亡后灵魂归往“祖先”（，且）那里。

殂

cú

“殂”原写作“徂”，如《尚书》：“二十有八载，帝乃徂（殂）落，百姓如丧考妣。”“徂”意表通往祖先之处，引申为死亡。常用词如崩殂、殂落。

篆

将拥有同一个“祖先”（，且）的民族“联结”（，纟）在一起。

組组

zǔ

自古以来，具有相同血缘的人彼此之间总是最亲近。因此，古人便借着祭祖将相同血缘的人聚集在一起，以达到团结氏族的目的。“组”的金文代表拿着“绳子”将“祖”先相同的人绑在一起。“组”引申为把性质相近的人、事、物联结在一起，相关用词如组合、组织等。

金

篆

在“祖先”（，且）面前“发誓”（，言）。

詛诅

zǔ

本义为向鬼神发誓以降灾于他人，如《左传》：“骊姬之乱，诅无畜群公子，自是晋无公族。”《汉书》：“先零遂与诸羌种豪二百余人解仇交质盟诅。”引申为请鬼神降灾于他人，常用词诅咒、诅骂等。

篆

组

zǔ

祭祀“祖”（，且）先所用的盛肉礼器。

“俎”就是祭祖用的盛肉器具或砧板。常用词如俎豆、俎上肉、刀俎等。金文是由“脚架”及“且”所组成的会意字，代表用来祭祖的有脚架的器物。小篆被改写成“且”及“两片肉或脚架”的合体字，意义不变。《左传》：“鸟兽之肉，不登于俎。”《说文》：“礼俎也。从半肉在且上。”另外，金文是“刀”与“俎”的合体，是一对祭祖用的礼器。

金

篆

有学者依据“俎”的金文构型推断“且”就是“俎”，于是认为“且”是盛肉器具。此推论恐怕是倒因为果。首先，文字演变过程是先有甲骨文的“且”，然后才衍生出金文的“俎”，因此当然应以甲骨文为本才对。就考古证物而言，商周时期的青铜俎遗物，俎面皆为长方形，与金文字形不合。可见，金文中的“且”是表义而非表形，代表祭祖之器具。更何况，甲骨文中都是以“且”而不是以“俎”代表“祖”。

阻

zǔ

以“高墙”（，阝）保护“祖”（，且）庙。

甲骨文像是将祖先放在有高墙保护之处。在殷墟遗址中，宗庙及宫殿区的墙都是以夯土版筑而成，墙基坚实。古代宗庙是神圣的场所，不能让闲杂人等任意进出，因此，除设立围墙

甲

篆

之外，建筑本体也都有厚墙隔离。“阻”引申为隔离、防止，常用词如通行无阻、阻挡、阻止、阻碍等。《诗经》：“既阻我德，贾用不售。”

姐

jiě

较“年长”（，且）的“女”（）子。

汉朝时，“勒姐”或“荡姐”都是西南边境不愿归服的民族。“姐”在当时又具有娇纵的意义，如《盐铁论》：“家之有姐子，器皿不居，况姐民乎！”（家中有娇纵的儿子，器物用具都不得安宁，何况是娇纵的百姓呢？）此外，东汉时又称姐姐为“女兄”。明明是女人，为何称为“兄”呢？在此，“兄”所代表的不是男人，而是年长的意义，与“姊”相近。“姐”后来引申为较年长的女子，常用词如大姐、小姐、表姐等。《说文》：“蜀谓母曰姐。”

“且”——也代表祖田

租

zū

借他人使用“祖”（，且）田以收取“禾”（）谷为报酬。

引申为借他人使用房屋、田产或不动产以收取报酬，常用词如田租、房租、收租、租借、承租等。

粗

cū

“祖”（，且）田所产的“米”（）。

祖先留下来的田总是特别肥沃，所产的粮食特别饱满，引申为大而厚实、不细致，常用词如粗大、粗重、粗鲁等。

篆

助

zhù

众人协“力”（）在“祖”（，且）田里耕作。

古代农民合力耕作的模式延续了几千年。周朝的井田制度规定居住在同一里的农民必须彼此协助，合力耕作。此制度源自商朝的“助”法，也是一种田赋制度。《孟子》：“殷人七十而助，周人百亩而彻，其实皆什一也。”（殷商人以七十亩为一里，合力耕作，将所得十分之一交给政府。周朝人则以百亩为一里。）“助”引申为来自他人的帮忙，常用词如帮助、辅助、助手、助理、助阵、助学金等。“助”本与“耡”通用。

篆

耡锄

chú

以“耒”（）具协“助”（）耕作。

耒是除草翻土的农具，可以帮助农夫提高生产力，是农耕时的辅助工具。“耡”本与“助”通用，如《说文》：“商人七十而耡（助）。耡，耤

篆

税也。”《孟子》：“殷人七十而助（耡）。”后来又写作“锄”。

锄锄

chú

以“青铜”（，金）农具协“助”（）耕作。“锄”是松土、除草的农具，常用词如锄头、锄地、锄奸等。

第三章

山丘

在构字上，大山称为山，小山称为丘。山的甲骨文及金文以三座山峰来表示，而丘的甲骨文则以两座山峰来表示。

一
上
山
岡
屵
崇
幽
崔
岳
丘
仙

“山”——崇山峻岭

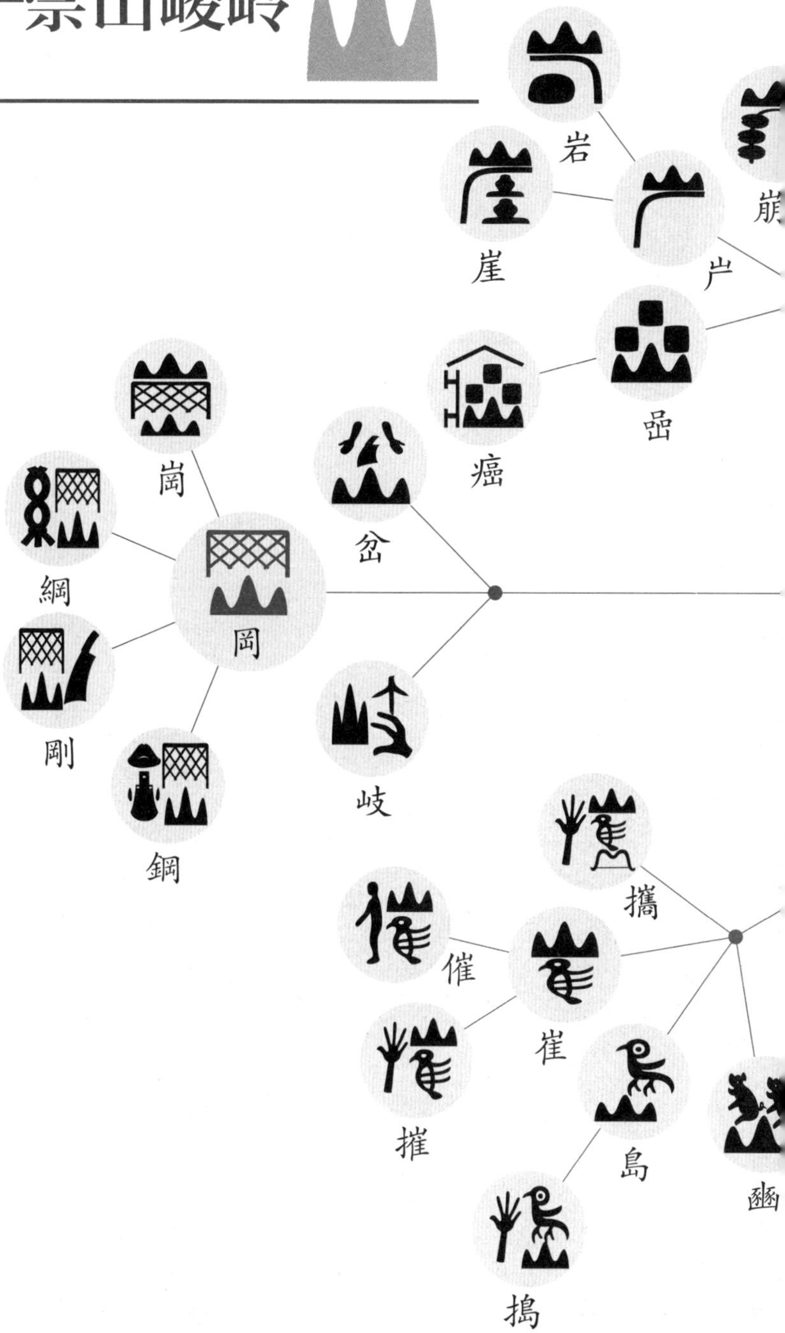

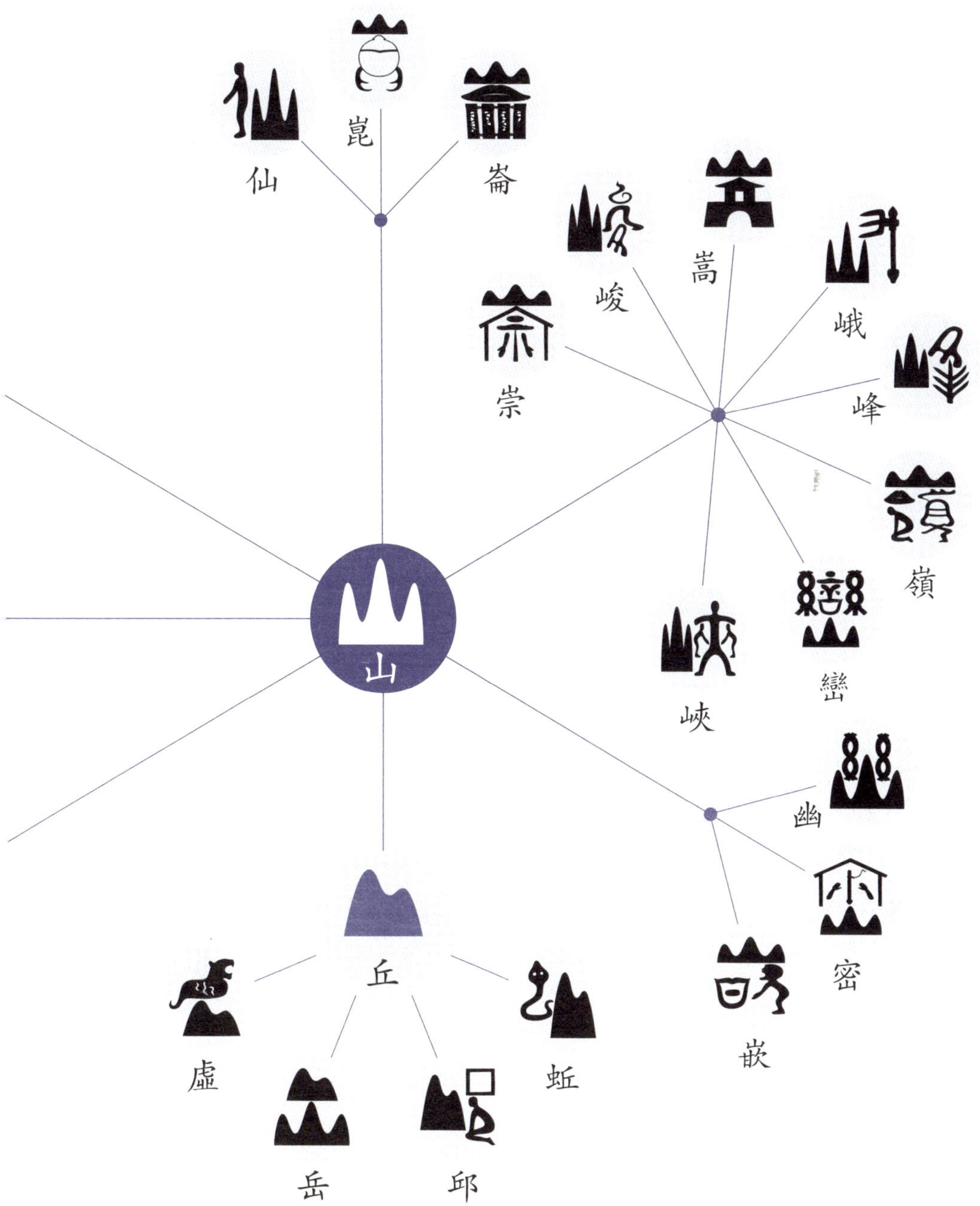
山
仙
崑
崙
峻
嵩
峨
崇
峰
嶺
巒
峽
幽
密
嵌
丘
虛
岳
邱
蚯

崇

chóng

像“宗”（…）庙一般令人敬畏的高“山”（…）。

本义为令人景仰的高山，引申为令人尊敬的，常用词如崇高、崇敬、尊崇、崇尚、崇拜等。

 篆

峻

jùn

“俊”（…，夋）挺的“山”（…）。

引申为高大陡峭，常用词如峻峭、险峻、严峻、崇山峻岭、严刑峻法等。

 篆

嵩

sōng

“高”（…）“山”（…）。

嵩山是五岳中的中岳，在河南省。

 篆

峨

é

唯“我”（…）独尊的“山”（…）。

“峨”是一座高耸的山，引申为高山，常用词如巍峨。

 篆

峰

fēng

或写作峯。“来到国界”（，夆）的“山”（）巅。

“丰”代表高大且茂密的树木，也代表疆界。周武王得天下后，实施“封建制度”。受封的诸侯必须在受封的国土边境广植树林，作为邦国的国界（请参见“邦”“封”）。当周天子巡访诸侯国时，脚一踏进某诸侯国的国界，文武大臣无不前来迎接。此情景似乎呈现在“夆”、“逢”的构字中。“夆”的金文像是描写天子的脚（夊）踏进国界（丰）；“逢”的金文添加双手及道路，表示前往逢迎贵客。以下为相关古字的对照表。

现代汉字	示意图	甲骨文	金文	篆体	构字意义
丰					以茂密的树木为国界
封					在国境上植林为界
邦					城“邑”以“茂密树木”（丰）为界
夆					贵客的脚（夊）踏进林界（丰）
逢					前往（辶）迎接踏进林界（夆）的贵客
承					众手拥护贵客

由于高山是天然屏障，而山巅常成为两国之国界，因此，“峰”代表“来到国界”（夆）的“山”上，引申为山的高处。常用词如圣母峰、高峰、巅峰、驼峰等。

嶺 岭

lǐng

好像有“领”（）队的连绵“山”（）。

秦岭是黄河水系与长江水系的分水岭，呈东西走向，长一千六百公里，宽仅两百至三百公里。整齐排列的绵延山群，令人惊叹。常用词如分水岭、崇山峻岭等。

巒 峦

luán

“连绵”（，䜌）的“山”（）。

《康熙字典》:“山纡回绵连曰峦。”

篆

峽 峡

xiá

两侧有高“山”（）包“夹”（）之地。

两山所夹之狭长地带或河川皆可称为“峡”，如峡谷、海峡、地峡等。

昆仑仙山

仙

xiān

在深“山”（）修炼得道的“人”（）。

篆

古籍常常记载神仙住在人迹罕至的深山，如《新语》：“入深山，求神仙。”《史记》：“海中有三神山，名曰蓬莱、方丈、瀛洲。”《焦氏易林》：“华首山头，仙道所游。”“仙”引申为长生不老的人，常用词如神仙、仙丹、仙女、仙桃等。

崑昆

kūn

“昆”（）仑“山”（）。

篆

“昆”就是昆仑（崑崙）山，又称昆山、昆仑之丘、昆仑之墟等。昆仑山极其高大，《汉书》称“昆仑高二千五百里余”。在神话故事里，它被称为神仙居住的山，其上有天门可达天庭。《焦氏易林》：“登昆仑，入天门。”《淮南子》：“昆仑之丘，或上倍之，是谓凉风之山，登之而不死。或上倍之，是谓悬圃，登之乃灵，能使风雨。或上倍之，乃维上天，登之乃神，是谓太帝之居。”古代的西戎又称为昆夷，居住在昆仑山脉。孔颖达疏：“衣皮之民，居此昆仑、析支、渠搜三山之野者，皆西戎也。”

昆

kūn

昆虫。

古人造字通常只描写特征，“昆”的金文代表一只昆虫，上有头部，中有羽翅，下有脚爪。金文、是表示昆虫（有头部及羽翅）结茧的象形字，显见古人早已发现昆虫具有结茧蛹化的现象。另一个金文是简化的结果，其中的羽翅变成了脚爪。此外，昆虫具有冬眠的习性，因此又称为“蛰虫”。昆虫的作息受太阳影响甚深，温暖的季节，它们就出来活动；一旦遇到寒冷阴暗的季节就躲藏起来。因此，古人又把昆虫称为“明虫”。此种特征也影响了后来的构字，篆体将头部改写成“日”，象征与太阳息息相关。自汉代以来，“昆”的意义令人困惑。例如“昆仲”的“昆”代表兄长，“昆群”的“昆”代表同群的人，“昆裔”的“昆”代表后代。到底“昆”是代表长辈、同辈还是晚辈呢？《毛亨传》：“昆，兄也。”《说文》：“昆，同也。”《尔雅》：“昆，后也。”着实令人困惑。但若探求昆的本义之后，这些问题就迎刃而解。昆虫喜欢成群结队，故有昆群一词。由于昆虫有许多相似之处，被归为同类，如同一个大家族，故以“昆”来形容众多兄弟、同侪及后代子孙，如昆仲、昆季、昆弟、昆玉都是代表众多兄弟，昆友、昆群代表同侪，而昆裔、后昆则代表众多后代子孙。《尚书》：“垂裕后昆。”（为后代子孙留下富裕的基业。）《大戴礼记·夏小正》：“昆小虫抵蚳。昆者，众

也。”郑玄注：“昆，明也。明虫者，得阳而生，得阴而藏。”《礼记·祭统》注：“昆虫，温生寒死之虫也。”

嵛仑

lún

从“书册”（，仑）。读到的高“山”（）。

“仑”的本义为昆仑山。昆仑山是长江与黄河的发源地，西起帕米尔高原，绵延于新疆和西藏之间，自古以来就被尊为神山，是神仙居住的地方。“仑”描写古人只能从书上读到或听人述说昆仑山，却没有几个人能真正亲临此山。

 篆

鸟兽栖息

崔

cuī

只有“飞鸟”（，隹）才会前往的险峻高“山”（）。

引申为高大险峻的山，如《诗经》：“南山崔崔。”“崔”也是姓氏。

 篆

催

cuī

逼“人”（）登上“险峻高山”（，崔）。

高山上人迹罕至，非不得已，一般人不会到那里生活。《水浒传》描写宋徽宗主政时政治腐败，官逼民反。宋江等一百零八好汉被逼上梁山，凭借着险峻地势，得以安身。“催”

引申为逼迫，常用词如催逼、催促等。《广韵》：“催，迫也。”

摧

cuī

“从极高处”（，崔）出“手”（）重击。

引申为使崩塌、严重损坏，常用词如摧毁、摧残等。“崔”也是声符。

攜 携

xié

“手”（）提着“猎得的野鸟”（，隽）下“山”（）去。

猎人携带猎物下山，心里想着可以让全家享受一顿丰盛野味，他的脚步应该是轻快跳跃的吧！引申为带着东西走，相关用词如提携。

 ㉟篆

島 岛

dǎo

海中或湖中突起的一座“山”（），其上有飞“鸟”（）栖息。

引申为海中或湖中一块可栖息的陆地。篆体由“鸟”“山”所组成。常用词如海岛、岛屿等。《释名》：“海中可居者曰岛。岛，到也，人所奔到也。亦言鸟也，物所赴如鸟之下也。”

 篆

豳

bīn

“一群野猪”（，豩）栖息的“山”（），豩山也。

《诗经·豳风》是记载古代豳国人民（陕西境内）的农家生活，其中提到，冬猎时，若猎到小猪归自己，猎到大猪则献给官家祭祀。

篆

山网交织

岡冈

gāng

如“网”（）状交织的“山”（）脉，山脊也。

人站在山顶上，常会看到连绵起伏的山脉，交错连接成网状。人有血脉、经脉、筋脉，山则有所谓的山脉，也就是山的经脉，又称为山脊（山的脊椎骨）。山脊就是山的棱线，它是古代重要道路或军事要地。登上冈陵远行也常是古代使者必须完成的艰难任务。如《谏格虎赋》：“车骑骈阗，被行冈峦。”《诗经》：“陟彼高冈，我马玄黄。”“乃陟南冈。”“如冈如陵。”“冈”，山岗也，是“岗”的本字。《说文》：“冈，山骨也。”（请参见第五册“冈”的衍生字。）

金

篆

岔

chà

“山”（ ）脉“分”（ ）歧处。

引申为分歧、错开，相关用词如岔路、分岔、岔话等。

岐

qí

“山”（ ）的分“支”（ ）。

“岐”与“歧”通用。

 篆

山石崩落

屵

àn

“山”（ ）边“陡壁”（ ，厂）。

“厂”“屵”“岸”“厈”为异体字，都代表山崖或岸边。《说文》：“屵，岸高也。从山厂。”（请参见“屵”的衍生字。）

崖

yá

由泥土“层层垒起”（ ，圭）的“山”（ ）边“陡壁”（ ，厂）。

“崖”是山边陡壁，相关用词如山崖、悬崖、崖壁等。

 篆

岩

yán

“山”（ ）壁上的“石”（ ）块。
岩石构成了地壳，如花岗岩、玄武岩、石灰岩、页岩等。其他常用词如攀岩、岩壁等。

嵒

yán

“山”（ ）上堆叠着“许多大岩石”（ ，品）。
引申为不稳固的险峻山势。《说文》：“嵒，山岩也。”

篆

癌

ái

极为“险峻”（ ，嵒）的“疾病”（ ，疒）。
“癌”是近代人所造的字。癌是因体内细胞不正常增生所形成的恶性肿瘤，死亡率高，是相当严重的疾病。常用词如肝癌、大肠癌、乳腺癌等。

崩

bēng

“两排并垂”（ ，朋）的“山”（ ）。
“崩”的本义为两旁的山倒垂下来，如《诗经》：“百川沸腾，山冢崒崩。”《周礼》：“四镇五岳崩。”引申为倒塌，常用词如崩塌、崩落、崩殂等。

篆

幽密之境

幽

yōu

在“山”（）里看“细丝线”（，幺）。引申为阴暗的、不清楚的、隐藏的，常用词如幽暗、幽居等。“幽”与“顯”（显）二字呈现构字意义的对比。“显”代表在日光下检查曝晒的丝线，看得一清二楚。“幽”的甲骨文是“火”“丝”的合体字，代表借助火光检视丝线，后来将“火”改写成“山”。可见汉字演进是逐步调整以使字义更为贴切。

甲

金

篆

现代汉字	示意图	甲骨文	金文	篆体	构字意义
幽					在“山”里看细“丝”线，看不清楚
顯					人在“日”光下检查曝晒的“丝”线，看得一清二楚

密

mì

在“山”（）中“小屋”（，宀）制造“兵器的长柄”（，必）。

“密”的金文是“戈”“宀”“山”的合体字，表示在“山”中“小屋”从事有关“武器”（，戈）制造的工作。另一个金文将“戈”改成“弋”。篆体再改写成“必”（柲）。“柲”就

金

篆

是兵器的长柄，即戈柄。在山中制造武器必有所谋，引申为隐藏的，常用词如隐密、保密、秘密等。

嵌

qiàn

或读kàn。“甘”（）美之物藏在“山”（）的“张口”（，欠）处。

深山里藏有甘甜的果树，如《山海经》：“甘枣之山。”《淮南子》：“昆仑、华丘在其东南方，爰有遗玉，青马、视肉、杨桃、甘樝、甘华，百果所生。”“嵌”的本义是山凹处藏着美物，引申为把东西塞入凹槽里，如镶嵌、嵌埋、嵌画等。《说文》：“嵌，山深貌。”《集韵》：“嵌嵒深谷。”

篆

“丘”——小山

丘

qiū

小土山。

甲骨文及金文、都是以两个隆起的土堆来表示“丘”，又写作“坵”。相关用词如丘陵、荒丘等。古代用来祭天的祭坛称为“圜丘”，又称为“圜丘坛”，是一座隆起的圆形土丘，攀爬阶梯登上圆丘后，上面就是一个可供焚柴祭天的平台。《说文》：“丘，土之高也，非人所为也。”《周礼》：“凡乐……冬日至，于地上之圜丘奏之。”

甲

金

篆

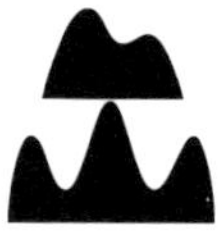

岳

yuè

“大山”（ ）之上还有“小山”（ ，丘）。

本义为高大的山，引申为对妻子的父母的尊称，常用词如山岳、四岳、北岳、岳父等。

篆

邱

qiū

邱为古代丘姓。

“邱”的本字为“丘”，“邱墍”又写作“丘墍”。丘姓源出于周朝时期的山东，清朝世宗（雍正三年）为避孔子名讳，下诏改姓，自此丘姓遂成邱姓。

篆

蚯

qiū

善于钻土“丘”（ ）的“虫”（ ，虫）。

蚯蚓钻土成穴，使土壤疏松，是有益于生态的虫。

或写作虗。荒芜的“大”（，虍）土“丘”（）。

虚虗

xū

古代将大土丘称为“虚”，是“墟”的本字。如《说文》:“虚，大丘也。昆仑丘谓之昆仑虚。”《集韵》:“丘谓之虚。”可见，“丘”除了代表土山以外，也有荒凉、空虚之意，如丘城（空城）、丘园（荒废的家园）、丘井（荒废的枯井）、丘墓（坟墓）、丘墟（废墟）等。因此，“虚”的本义为荒凉的大土丘，引申为空无，相关用词如空虚、虚假等。

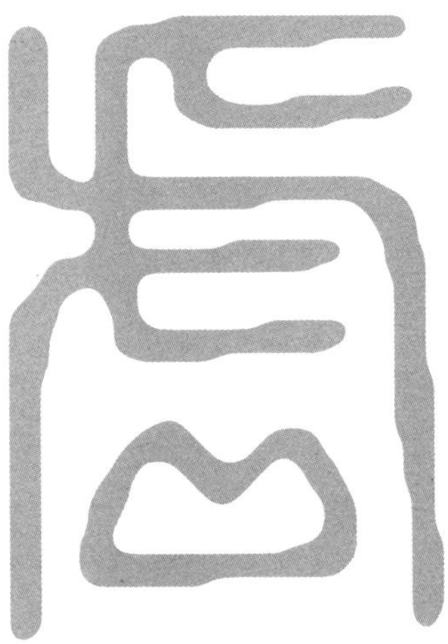

篆

第四章 火

人的日常生活总离不开火，古代更是如此。本章罗列了许多有关“火”的汉字，透过这些古文图像，我们大致可以了解古人是如何利用火来烹煮食物、制作照明设备，又如何以火取暖、祭天，甚至以火治疗疾病。然而，好东西总会有副作用，火为人类带来许多贡献，但也带来灾祸，从有关炽烈焚烧的汉字中，可以窥知古人对于火的敬畏。

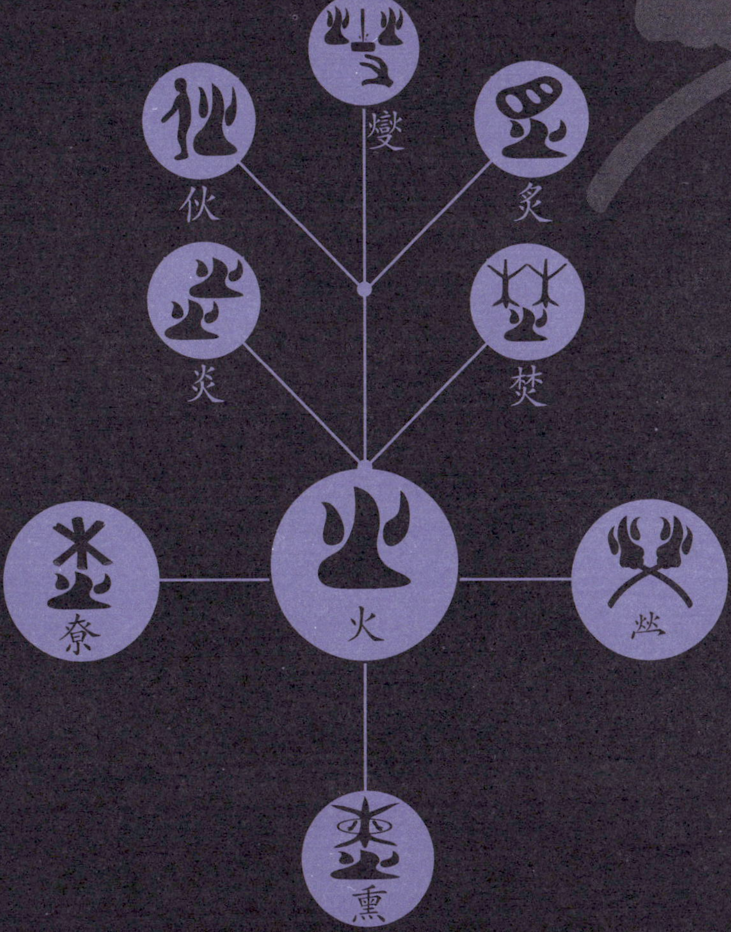

爕
伙
炙
炎
焚
尞
火
熏

燃料

《韩非子》记载了古代有一位祖先懂得钻木取火，教导人民吃熟食，免于疾病，被尊为“燧人氏”。这人到底是谁呢？春秋战国时期的人说是炎帝或黄帝，如《左传》记载：“炎帝为火师。”《管子》说：“黄帝作，钻燧生火。”汉朝时，有人说是伏羲。近代又有人说是古代的羌族分支燧家氏或古代燧明国的首领。

燧人氏其人虽已不可考，但钻木取火确有其事。《焦氏易林》记载古人“钻木取火，掘地索泉”。就考古证据而言，新疆乌鲁木齐南山矿区发现的古代墓葬群，墓中有钻木取火的钻孔木片做陪葬品。即便是近代海南岛乐东县的黎族老人，仍保有“钻木取火”之技能。除此以外，甲骨文也记录了这个历史事件。表示“手”执“细木棍”钻“火”；、表示“手”执“尖木棍”钻“木片”，冒出许多“火”苗。这幅图像完全符合《管子》所说的“钻燧生火”及《韩非子》所说的“钻燧取火”。钻木取火所用的细木棍，是一根尖木棍，古代称之为“木燧”，如《礼记》：“左佩……，右佩箴、管、线……木燧……”可见是周朝人

随身携带的用具。钻木取火所用的木燧形状与“凿子”很相近，都是上宽下尖的棍状物。

楷书	示意图	甲骨文	构字意义
燮			“手”执“尖木棍”钻“木片”，冒出许多“火”苗。
鑿			“手执锤子”敲击“凿子”。

燮

xiè

钻木取“火”（）。

甲骨文、代表“手”执“尖木棍”钻“木片”使它冒出许多“火”苗，这是钻木取火的象形文。金文将尖木棍变成了“丁”。此古字图像完全符合《管子》所说：“钻燧生火。”

甲 金 篆

钻木取火非常费时费工且困难，操作时要掌握快、稳及密合等技巧，而且材质、风向及干燥度等都要配合得当，故“燮”引申为调和妥当，如《尚书》：“燮理阴阳。”“燮和天下。”《诗经》：“燮伐（协同征伐）大商。”篆体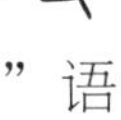将表示钻木取火的尖木棍变成了“言”，代表用“言”语调和，似乎意味着说话技巧的掌握就如同钻木取火一般。《尔雅》：“燮，和也。”《玉篇》：“燮，火熟也。”

殷商时期是采用“钻木取火”还是“燧石取火”？先秦两汉典籍多有钻木取火的记载，然而却缺乏燧石取火的记载。为何《关尹子》只说“石击石即光”，却不说石击石生火？只说“瓦石之类，置之火即热”，却不说瓦石之类，击之则生火？为何《礼记》所记载的周朝人随身携带的物品是“木燧”，而不是“燧石”（打火石）？就古字证据而言，似乎也找不到击石取火的甲骨文与金文图像。就考古证物而言，不少人以为击石取火是石器时代就已经有的取火方法，其中最具代表性的证物是山顶洞人遗址所发现的石片。然而，此石片真的就是用来击石生火的吗？实在令人怀疑。真正能断定的击石生火的年代应该是战国时期，其中的主要证物就是火镰。它是一种带有弧度的钢片，与燧石摩擦后就会产生火花，借此可引燃火绒，达到取火目的。

燧

suì

“达成”（，遂）取“火”（）目的之工具。“燧”并无古字，因此极可能是秦汉时期造的字。“燧”泛指可生火之物，如“木燧”就是用来钻木取火的尖木棍，是周朝人随身携带之物。此外，“燧石”就是打火石，“阳燧”就是引日光取火的凹面镜。汉朝典籍记载了利用凹面镜聚焦日光生火的方法，如《淮南子》：“阳燧取火于日。”至于“燧人氏”

名称的由来，《白虎通》诠释说：“钻木燧取火，教民熟食，养人利性，避臭去毒，谓之燧人也。”而《风俗通义》却说：“燧人始钻木取火，炮生为熟，令人无复腹疾，有异于禽兽，遂天之意，故曰遂人也。”

煤

méi

“某”（）种可“燃”（，火）烧的矿物。

“煤”又称为“煤炭”，它是一种坚硬的黑色矿物，可作为燃料。主要成分是碳、氢、氧和氮。常用词如煤矿、煤油灯、煤烟、煤气、焦煤等。

炭

tàn

在“山崖”（，户）边生“火”（）制造木炭。

制造木炭的方法主要是将木材高温燃烧。早在西周就已经有制造木炭的历史记录，如《礼记》：“是月也，草木黄落，乃伐薪为炭。”《周礼》：“掌炭：掌灰物、炭物之征令，以时入之。以权量受之，以共邦之用，凡炭灰之事。”常用词如木炭、炭火、炭烤、煤炭、石炭等。

篆

烷

wán

可供“住家”（，完）使用的“燃料”（，火）。

游牧民族以牛粪、马粪等作为主要燃料，因为粪便里含有天然的有机化合物甲烷，容易起火燃烧。烷是可燃烧的有机化合物，如甲烷、乙烷、丙烷等。《康熙字典》：“烷，火也。”

以火烹煮

石器时代的人类，烹调方式很简单。甲骨文是“石、火”的合体字，代表在石板上烧烤食物，这是古代平民百姓普遍的烹煮方式。随着汉文化的逐渐完善，烹调方式也变得更多样，除了烘、烤之外，蒸、煮、煎、炒、炸、炖、熬、烩等一应俱全。

伙

huǒ

生“火”（）煮饭的“人”（）。

“伙”的本义是“伙夫”，就是负责煮饭食的人。此外，“伙房”就是厨房，“伙食”就是每天吃的饭食，“开伙”则是指烧饭做菜。一起吃饭与生活的同伴称为伙伴、同伙、大伙等。

庶

shù

在“屋”（，广）檐下烧“火”（）“做饭”（）。

甲 金 篆

古人深谙“瓦石传热”的现象，如《关尹子》：“瓦石之类，置之火即热。”甲骨文及金文都是“石、火”的合体字，代表在石板上烧烤食物，这是最原始的烹煮方式。后来炊具普遍后，文

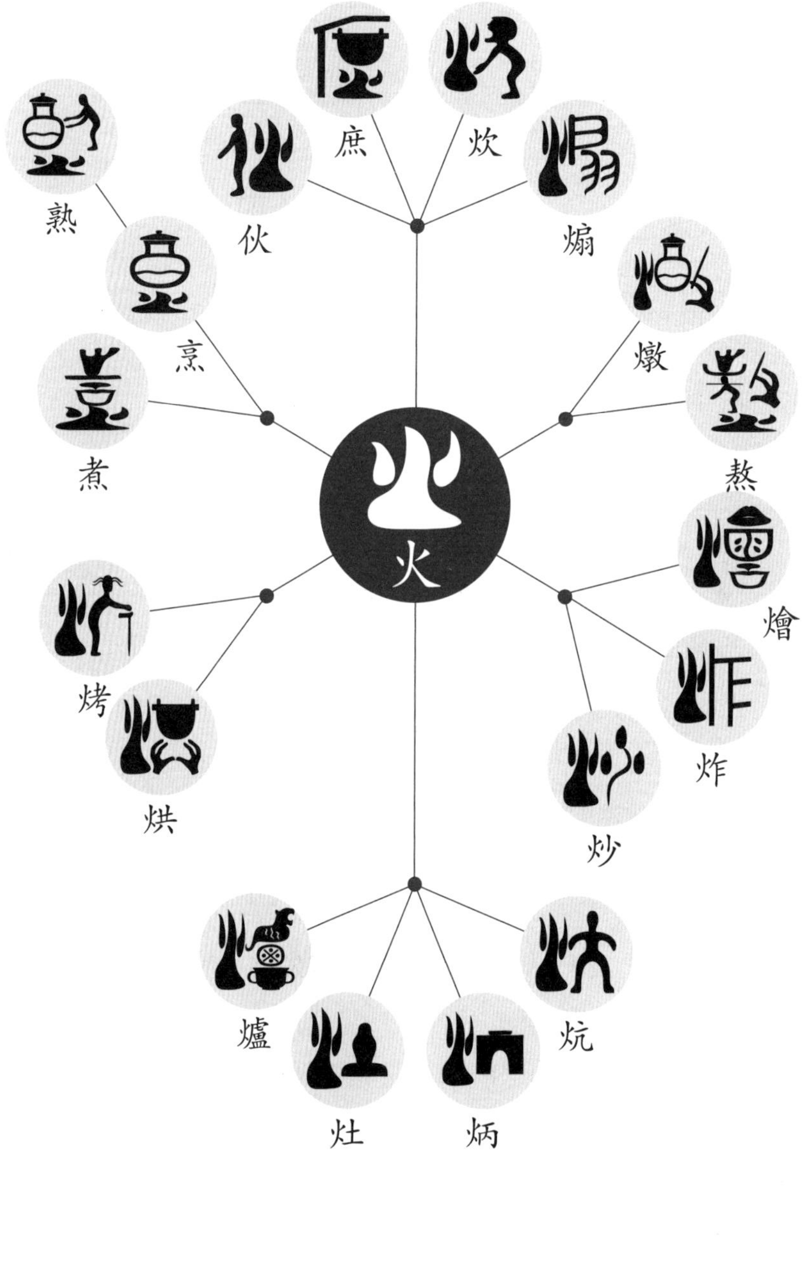
火
庶
炊
伙
煽
熟
烹
燉
煮
熬
燴
烤
炸
烘
炒
爐
炕
灶
炳

字就产生了变革，金文及篆体就变成了“广、廿、火”的合体字，代表在屋檐下烧火做饭。无论是达官贵人，还是平民老百姓，总要吃饭。“庶”便是描写家家户户在屋檐下烧火做饭的情景。“庶”引申为众多、普通的，相关用词如庶官（百官）、庶民（百姓）、庶务（杂务）等。

炊

chuī

对着炉“火”（）“吹气”（，欠）。

古人烧柴做饭，要先对着炉火用力吹气，把炉火烧旺。借着吹气把氧气送进炉子的道理，古人早已晓得，因此，他们将烧火做饭称为“炊饭”；多吹气，饭就熟得快。煮饭用具称为“炊具”，而烧火做饭时升起的袅袅轻烟则称为“炊烟”。

篆

煽

shān

用“扇”（）子扇“火”（），使火燃烧得更旺盛。

引申为使火更旺、挑拨，常用词如煽动、煽情等。

篆

煮

zhǔ

“火”（）的使“者”（）。

火的使者带来火种让人可以烹煮食物，故引申为把食物弄熟，常用词如煮饭、煮菜、烹煮、炖煮等。

 篆

烹

pēng

熬“煮”（，火）“羊肉锅”（，亨）。

“亨”本写作“亯”（或“享”），代表羊肉锅。加上“火”就成了“烹”。引申为烧煮食物的方法，常用词如烹饪、烹调、烹茶、割烹等。《正字通》：“亨，即古享字。”《集韵·庚韵》：“烹，煮也。”《睡虎地秦简》：“享（烹）牛食士。”

孰

shú

“伸出双手”（，丮）进献“羊肉锅”（，享）。

甲骨文是“享（亯）、丮”的合体字，像是“一个人伸手”掀开“炖锅”；小篆添加了“羊”，代表炖锅里熬了美味的羊肉；隶书又省略了“羊”。古人借此图像表达食物已煮熟，准备进献。“孰”是“熟”的本字，如《礼记》：“五谷时孰。”《荀子》：“年谷复孰。”《墨子》：“风雨节而五谷孰。”煮熟的美食，必须进献给尊贵者，有谁能优先享用此美食呢？于是，

 甲

 篆

“孰”引申为谁，相关用词如孰能无过、孰是孰非等。

熟

shú

“煮”（，火）过的“羊肉锅”（，享）可以“取来”（，丮）进献了。

引申为煮透的、有经验的，常用词如成熟、熟练等。本字为“孰”。

敦

dūn

“手持器具”（，攵）搅拌“羊肉锅”（，享）。

敦也是古代的炖锅，目前出土的青铜敦（duì）大多属于战国时期，它是由鼎演变而来，呈球体形状，三足，有顶盖，有耳。“敦”的本义为慢慢熬煮，是“炖”的本字，引申为勤勉地、督促、浓厚，相关用词如敦勉、敦促等。“敦”与“焞”相通，敦煌位于河西走廊之最西端，自汉代以来，此地为中原与西域之交通要冲，此记载于《汉书》：“昆莫父难兜靡本与大月氏俱在祁连、焞煌间。”“焞”意为以小火熬煮羊肉锅，此字今多改作“炖”。《广韵》《集韵》：“炖与焞通。”甲骨文是“羊、享（亯）”的合体字，代表“羊”肉“炖锅”。金文添加了“攴”，代表手持器具搅拌羊肉锅。隶书省略了“羊”。

燉炖

dùn

以小“火”（）熬煮并“手持器具”（，攴）搅拌“羊肉锅”（，享）。

熬

áo

用“火”（）将食物的精髓释“放”（）“出”（）来。

在先秦典籍里，最常出现熬煮中药。经过长时间的熬煮，药材里的精华就会逐渐释放出来，如《伤寒论》：“桂枝甘草龙骨牡蛎汤方：桂枝一两、甘草二两、牡蛎二两（熬），龙骨二两。”“熬”的相关用词有熬汤、熬粥、煎熬、熬夜等。《说文》：“熬，干煎也。”《仪礼》：“熬黍稷各二筐。”

金

篆

燴烩

huì

食物“会”（）合后一起“烹煮”（，火）。所谓的“烩”就是将各种食物丢进汤里一起烹煮。常用词如杂烩、烩饭。

炸

zhà

在“火”（ ）上加工施“作”（ ，乍）。

为了使火发挥更大威力，除了吹气、加油、添加易燃物以外，唐代孙思邈在《丹经内伏硫黄法》中记载将硝石、硫黄加在碳化物上就能猛烈燃烧。“炸”的本义为使火烧得更猛烈，引申为使物体剧烈受热或受热爆开，常用词如爆炸、炸弹、油炸等。

炒

chǎo

大“火”（ ）使食物快速减“少”（ ）。

“炒”就是加一点点油，然后把食物放进锅里加热。由于煎炒过程中，食物的水分会被蒸发，于是体积就缩小了，故造字者以“火、少”来代表此种加热干燥的烹饪法。常用词如炒菜、炒蛋、炒面、炒作等。闽南语称茼蒿为打老婆菜（打某菜）。典故据说出自丈夫买回来一大把茼蒿给老婆做菜，结果炒出来只剩下一点点。丈夫以为老婆炒菜时偷吃了，不分青红皂白打了老婆一顿。

烘

hōng

“双手捧着一锅”（ ，共）食物在“火”（ ）上加热。

引申为用火烧烤。常用词如烘焙、烘烤、烘干、烘手等。《说文》：“烘，尞也。”

篆

烤

kǎo

用“火”（）来“考”（）问犯人。

在古代，两军作战时，以火刑来逼迫囚犯说出军情。“烤”引申为用火烧，常用词如烧烤、烤肉、烤箱等。在古籍中，“考囚”就是拷问囚犯，如《南史》：“时建康县考囚，或用方材压额及踝胫。”

炉灶

爐 炉

lú

用“火”（）加热“大号食器”（，卢）。

引申为供燃烧的设备，常用词如火炉、围炉、瓦斯炉、热水炉等。

灶

zào

用砖“土”（）砌成的生“火”（）设备。

常用词如炉灶、土灶、冷灶、病灶等。

有“火”（）光从“炉灶”（，丙）里照射出来。

引申为明亮，相关用词如炳烛（点燃烛火）、彪炳、炳蔚（明亮显著）。

篆

炳

bǐng

抵“抗”（，亢）严寒的“烘烤”（，火）设施。

中国北方的居民用泥土在屋里砌成卧榻，底下可生火取暖，有孔道与烟囱相通。此具有取暖效果的设施称为土炕或铺炕等。

炕

kàng

烤肉

用“火”（）烤“肉”（）。

引申为烧烤，常用词如烧炙、炙热等。

篆

炙

zhì

瞧
燃
炙
焦
然
火
羔
能
羹
羆

焦

jiāo

以“火”（ ）烤“鸟”（ ，隹）。

在荒郊野外捕获禽鸟，最简易的料理方式就是烤。“焦”的本义是以火烤鸟，但由于烧烤时，鸟毛必定会烧焦，故“焦”引申为将物体烧黑，或烧黑所发出的气味。

金 篆

瞧

qiáo

看“见”（ ，目）别人“烤鸟”（ ，焦）。

引申为看，常用词如瞧见、走着瞧、瞧不起等。

羔

gāo

在“火”（ ）上烧烤的“羊”（ ）。

整只大羊不易烤透，即使外层烧焦了，内里仍是生的，因此以小羊来烧烤最为鲜嫩美味。“羔”的金文 、 代表一只“羊”在“火”上，本义是烤羊肉，引申为小羊。

金 篆

羹

gēng

鲜“美”（ ）的羊“羔”（ ）浓汤。

“羊肉泡馍”是陕西最著名的特色美食。基本做法是以汤汁将羊肉炖烂，再将剥碎的烤饼放进去。冷却后便会结成冻，可切块佐餐。这种将面食、烂羊肉与浓稠汤汁搅在一起的美食，古代称为“羊羹”。宋代苏轼曾给予极高评价：“秦烹惟羊羹，陇馔有熊腊。”羊羹传入日本后，日本人将它改为红豆冻，成为今日常见之“羊羹”。以至于今人多纳闷：“羊羹里没有羊肉，也没有羊肉味，为什么会叫作羊羹呢？”

熊

xióng

大“火”（）煮“熊”（，能）。

金

篆

“熊”的本字是“能”，后来添加火以示区分，可见，商周人看到熊就想到煮来吃。在古代，熊与罴的数量庞大，《逸周书》记载：“武王狩，禽虎二十有二，猫二……熊百五十有一，罴百一十有八。”可见熊、罴的数量远超过老虎、狮子，武王一次狩猎竟然可捕获两百六十九只。可是，中国境内的熊后来为何变得如此稀少呢？除了熊皮、熊肉具有经济价值之外，大概是因为有人爱吃熊掌的关系。古代君王爱吃熊掌（古时称为熊蹯），《论衡》中记载，太子商臣叛乱，欲杀死父亲楚成王。成王临死前，要求吃完熊掌再死，遭到拒绝，于是自缢身亡。《史记》中也记载，晋灵公爱吃熊掌，有一次，御厨没有将熊掌炖熟就端到他面前，他一气之下，竟然把御厨给杀了。

然

rán

“火”（）烤“犬肉”（，肰）。在文明的现代社会，吃狗肉被一些人视为野蛮行为，然而，古代名人如朱亥、高渐离、樊哙等都出身狗屠，可见古代烹煮狗肉是一种谋生的技能。“然”本义为烹煮狗肉，是“燃”的古字，如《孟子》：“若火之始然（燃）。”引申为如此这般、但是，相关用词如当然、然而等。

金

篆

燃

rán

古字为“然”（）。引申为焚烧，如点燃、燃料等。

大火焚烧

焚

fén

“火”（）烧树“林”（）。

引申为燃烧，常用词如焚烧、焚书、焚香等。

甲 金 篆

燒烧

shāo

“顶着捏制好的陶土”（，尧）送进“火”（）里，准备烧制成陶器。

篆

熾炽

chì

以大“火”（）冶炼，直到“武器”（，戈）能发出清脆悦耳的声“音”（）为止。

为了提高青铜武器（或铁器）的精纯度，铸造者先将武器放进火炉里冶炼，再将烧得火红的武器取出锤打，如此不断重复，直到武器能发出清脆悦耳的声音为止。干将、莫邪是古代最为著名的宝剑，锐利无比。《论衡》说：“干将之剑，久在炉炭，铦锋利刃，

篆

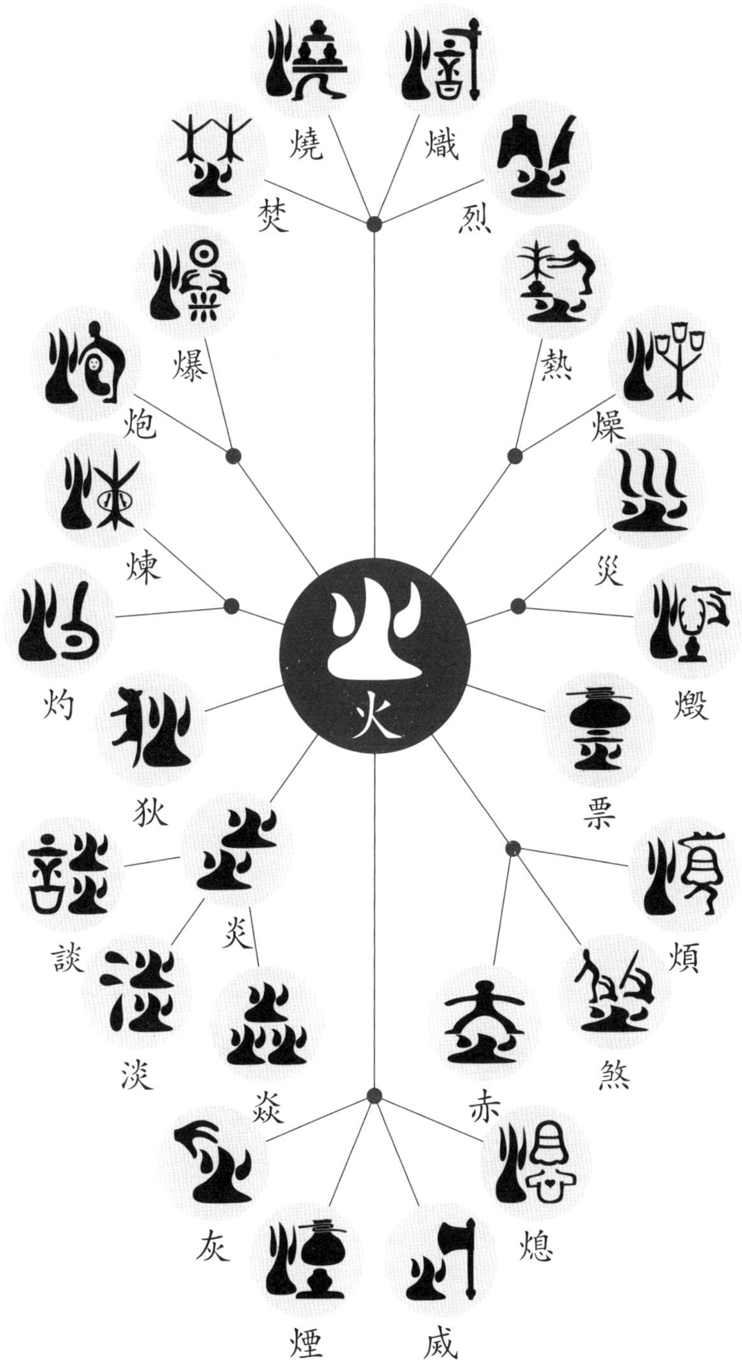
火
燒
熾
焚
烈
爆
熱
炮
燥
煉
災
灼
燬
狄
票
炎
談
煩
淡
煞
焱
赤
灰
熄
煙
威

百熟炼厉。”可见若不经过百般锻炼与砥砺是无法成就一柄宝剑的。“炽”的本义是打造精良的武器，引申为旺盛的大火、猛烈，相关用词如炽焰、炽烈等。

烈

liè

一整“列”（）的大“火”（）。

发生森林大火时，往往造成很大的火势向前蔓延。本义为火势凶猛，引申为威猛，常用词如烈火、猛烈、激烈、热烈、烈酒等。

 篆

灼

zhuó

用“勺”（）子舀起用“火”（）煮的汤食。

舀起一勺热腾腾的汤，若不小心就会被烫伤，引申为炙热的、焦急的、旺盛的、烧伤，相关用词如灼热、灼灼其华、灼伤等。

 篆

煉炼

liàn

拣选“一捆木材”（，柬）来焚“烧”（，火）。

引申为长时间加热使物质趋于纯净，相关用词如冶炼、锻炼等。

 篆

炮

pào

“包”（）着“火”（）的武器。

古代的炮烙之刑，是将用炭火烧过的刑具烙在刑犯身上，而近代的炮弹则是包着火药。本义为烧烤，引申为装有火药的武器，常用词如鞭炮、炮弹、大炮等。

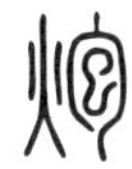
篆

爆

bào

因受“热”（，火）而突然“向外迸出”（，暴）。

常用词如爆炸、引爆等。

篆

熱 热

rè

“种树”（，埶）以抵挡“火”（）热的太阳。

引申为温度高的、情意浓厚，常用词如热水、热气、热带、发热、热心、热情等。

篆

燥

zào

“嘈杂的”（，喿）“火”（）燃烧发出的声音。

火烧干柴时，会不断发出爆裂声。引申为缺水的、干的，相关用词如干燥、枯燥、燥热等。

篆

燬毁

huǐ

被“火”（ ）烧“毁”（ ）。

常用词如烧毁、销毁等。

篆

災灾

zāi

“川”（ ）水与大“火”（ ）所造成的祸害。

甲骨文 代表“栽进”（ ，才）“火”里， 代表“栽进”“川水”里， 代表“火”烧“房子”，篆体 变为了“川、火”的合体字，代表水火之灾。引申为各种天然或人为的祸害，常用词如水灾、火灾、旱灾等。

甲

篆

票

piào

“一袋物品”（ ，西）被“火”（ ）烧“上”（ ）天。

篆体 是表示两手将一袋物品放在火上的象形文。现代人用焚化炉解决垃圾，用火烧毁尸体。火几乎是人类消除废弃物最迅速的手段。由于东西烧了就化成灰烬随风飘散，于是“票”引申为飘飞与轻快两个意思，如《汉书》：“票然逝（飘然而逝）。”“横钜（巨）海，票（飘过）昆仑。”《思玄赋》：“去秽累而票轻（去

篆

除俗事累赘而得以轻飘自如）。”《汉书》：“票骑（轻快奔驰）将军。”“票禽（轻快飞翔的禽鸟）之绁隃，犀兕之抵触。”后来，为了区分这两种意思，于是将“票”分成“飘”与“骠”两个字，前者代表随风飘飞，后者代表轻快地飞翔。“票”则变成了轻薄能飘之物，相关用词如钞票、船票等。《说文》：“票，火飞也。”

狄

dí

擅长以“火”（）攻及猎“犬”（）来打猎的民族。

金

篆

先秦典籍称猎犬为“田犬”，而用火攻来猎取动物的方式，则称为“火田”或“火猎”。它的做法是用火全面围攻猎物栖息地，仅留一出口让动物奔逃，然后让出口处埋伏的猎犬来捕捉猎物。在汉字当中，“狄”与“狩”最能诠释此种田猎习俗。周朝限定只能在昆虫冬眠后才能施行“火田”，因此《礼记》规定：“昆虫未蛰，不以火田。”何谓火田？《尔雅》解释说：“火田为狩。”《淮南子》：“不涸泽而渔，不焚林而猎。”“狄”是古代以田猎维生的北方民族，在商周时期被称为鬼方、戎狄或犬戎，在汉朝被称为匈奴，《汉书·匈奴传》形容他们：“贪而好利，被发左衽……辟居北垂寒露之野，逐草随畜，射猎为生。”

“炎”——火上加火

炎

yán

“火”（ ）上加“火”（ ）。

本义为火势升高，引申为酷热、生病发热，常用词如炎热、发炎等。《说文》：“火光上也。”

甲 金 篆

談谈

tán

“热烈”（ ，炎）的“言”（ ）语。

双方你一言，我一语，愈讲愈热烈。引申为两方的谈论，常用词如谈判、对谈、会谈、谈和、谈论、交谈、谈话等。

淡

dàn

用“水”（ ，氵）降低“炎”（ ）热程度。

水具有降温作用，尤其在炎热的夏天。引申为降低强度、不旺盛，常用词如淡水、淡酒、淡季等。

焱

yàn

冒出很多“火”（ ）花。

“焱”通“焰”，相关用词如烛焱，焱焱（光彩闪耀的样子）。

甲 篆

火刑

赤

chì

“人”（，大）在“火”（）中。

“赤”的甲骨文、乃是表示一个被火烤得全身通红的人，因此，“赤”引申为红色的意思。赤像是古代火刑。史书记载商纣王为了取悦爱妃妲己，想出各种奇特又残酷的刑法来逗乐这个天性残忍的女子，于是他实施了较烙印更为残酷的“炮烙之刑”。他为了惩治反对他的臣民或欲逃跑的罪犯，将他们绑在铜柱上，或强迫他们走在炭火上，受刑者因疼痛而蹦跳。由于此酷刑常引得妲己狂笑不已，故纣王也乐此不疲。参见《尚书》：“今商王受，弗敬上天，降灾下民……焚炙忠良，刳剔孕妇。”《史记·殷本纪》：“百姓怨望而诸侯有畔者，于是纣乃重辟刑，有炮烙之法。”无独有偶，与商纣同时代的巴比伦国王尼布甲尼撒也是如此，将三位臣子丢进火炉里。另外，欧洲黑暗时期常以火刑施加在宗教异端分子或政治犯身上。其中，圣女贞德被活活烧死更是尽人皆知的历史，由此可见古代火刑普遍的程度。“赤”的衍生字有赫、嚇、赦等。（请参见第一册。）

甲 金 篆

煞

shà

“把人抓住”（，及）施以“火”（）刑及“拷打”（，攵）。

引申为凶神、杀除、极尽，常用词如恶煞、煞风景等。

煩 烦

fán

一个愁烦的“人”，他的“脑袋”（，页）好像被“火”（）烧着一般。

相关用词如烦恼、烦躁等。

篆

将火熄灭

熄

xī

让“火”（）停“息”（）。

引申为灭火，常用词如熄灭、熄灯、熄火等。

篆

烕

miè

消“灭”（，戌）大“火”（）。

消防人员执行任务时，总是手持斧头。篆体代表以“长柄大斧”消灭大“火”。“烕”与“滅（灭）”通用。

篆

煙烟

yān

用“一袋土”(，垔)灭“火”()。

引申为灭火之后所产生的烟气。野外炊饭完毕，通常我们会用土将炭火覆盖，这是一个安全简便的灭火方法。当火熄灭后，就化成一缕轻烟慢慢上升。无论如何，“烟”指的就是炭火燃烧后所产生的气体，如《说文》：“烟，火气也。”《说文》：“垔，塞也。”《论衡》：“气如云烟。”相关用词如香烟、烟囱等。

 篆

灰

huī

可以用“手”()去摸的死“火”()，表示烧完后所剩下的灰烬。

常用词如烟灰、炮灰、灰色等。《说文》：“灰，死火余烬也。”

 篆

熏蒸疗法

蒸

zhēng

用双“手”（，廾）将“人”（，卩）置于闷“烧”（，火）的药“草”（，艹）上。

篆

“蒸”是描写古代中医使用药草熏蒸病人的情景，引申为热气上升，相关用词如蒸发、蒸笼等。古人燃烧干草有多重用途，除了当烛火、熏蚊虫之外，中医也常以熏蒸药草的方法来给病人治病。此外，可燃烧的木材称为“薪”，可燃烧的草秆称为“蒸”。

久

jiǔ

需要以“砭石”（）治疗的长期“卧病者”（，尸）。

篆

砭石是古代常用的医疗器具。考古学家于仰韶文化遗址发现砭石，长七厘米，宽三厘米，两侧有利刃，这是最古老的手术刀，可用于放血去脓、割除腐肉，此砭石现藏于陕西医史博物馆。另外，河北藁城台西村的商代遗址中也出土了三块砭石，形状像镰刀，但尖端圆钝，长度约二十厘米，又称为砭镰，放置于长方形盒中，可以算是最古老的针灸。“久”的古字与“灸”通用，为“灸”的本字。《说文》：“久，以后灸之，象人两胫后有距也。”《黄帝内经》：“其病皆为痈疡，其治宜砭石。”

以“砭石”及“火”（）烤治疗一个卧病不起的人。

灸

jiǔ

以砭镰按压患部会产生酸麻的感觉，借以达到治疗疼痛及经脉通畅的效果。后来刺针术又发展出用银针、铁针治疗等方法，甚至发展出灸灼法，即搭配燃烧艾草以熏蒸患部的技术。《汉书·艺文志》：“而用度箴石汤火所施。”

 篆

“一捆植物”（，柬）在“火”（）上烧烤。

熏

xūn

烧烤植物会发出气味与浓烟，可以用来驱蚊虫，也可用来治病，甚至可使身体浸于蒸气中。金文及篆体是由“柬、火”所组成，表示用火烧烤一捆植物，使烟气上升，常用词如熏蒸、熏陶、熏制、熏沐等。《周礼》：“翦氏掌除蠹物……以莽草熏之。”《诗经》：“穹窒熏鼠。”《金匮要略心典》：“雄黄熏之。”《黄帝内经》：“姜韭之气熏之。”

 金

 篆

用“火”（）“熏”（）蒸。

燻 熏

xūn

“熏”，表示用火熏蒸，常用词如烟熏、熏肉等。

薰

xūn

用香“草”（，艹）“熏”蒸（）。

“薰”，表示用香草熏蒸，常用词如薰香、薰风（和风）等。

篆

勳勋

xūn

“熏”（）陶君王得“力”（）的人。

周公辅佐成王，使他能成为明君。周公辅佐他、教养他，有如熏蒸香气一般，最终使成王能散发出一代明君之气息。“勋”引申为功绩，常用词如功勋、元勋。《周礼》：“王功曰勋。”《说文》：“勋，能成王功也。”

篆

火光照耀

灯光

光

guāng

“人”（，儿）头上有“火”（）光照耀。

无论是日光、月光、灯光，都是从人的头顶上照射下来。“光”的相关用词如亮光、光明等。

甲

金

篆

輝 辉

huī

“军”（）中发出的烽火“光”（）芒。

古代用烽火传递军情，因此烽火就代表战争正在进行，如“烽火连天”代表战火连绵，唐杜甫《春望》：“烽火连三月，家书抵万金。”对古人而言，看见远处有明亮的烽火，就知道那里有战争。“辉”原写作“煇”，本义是“军”中点燃的烽“火”，引申为明亮，常用词如光辉、辉煌等。

篆

耀

yào

雉鸡的“羽毛”（，翟），“光”（）彩夺目。

孔雀也算是雉鸡的一种，当孔雀开屏炫耀一身亮丽的羽毛时，总能吸引众人的眼光。“耀”引申为光彩明亮，相关用词如荣耀、炫耀、耀眼等。

篆

燈灯

dēng

“登”（ ）上高楼点“火”（ ）。

灯火置于高处，远方的旅人才能看得见。引申为照明器具，常用词如油灯、灯笼、电灯、红绿灯等。

燭烛

zhú

古人将草扎成一条长长的“大蚕”（ ，蜀），用来点“火”（ ）照明。

篆

远古时代的人制作草烛，先将草扎成一长束，涂上脂油，从尾端点火燃烧。整支草烛看起来像一条“大蚕”，故添加“蜀”。由于这支像大蚕的长烛像一条火龙，《山海经》把它编成神话后，称它为“烛龙”。后来，发明了油灯与蜡烛，草烛的地位就渐渐被取代了。“烛”引申为长条的点火照明物，常用词如蜡烛、灯烛、烛台、烛光等。《山海经》：“烛者百草之未灰。”“有神，人面蛇身而赤，直目正乘，其瞑乃晦，其视乃明……是谓烛龙。”

炷

zhù

“灯台”（ ，主）上的“火”（ ）。

引申为点燃、灯芯，常用词如灯炷、艾炷、一炷香等。

在凹“陷”（，臽）的容器里燃烧的“火”（）。

焰

yàn

早在商朝人们就懂得使用油灯，从历代出土的青铜灯台来看，盛油的器具全都是凹形的，像一个小碗。点燃灯芯后，小碗上便出现红色火焰。相关用词如火焰、烈焰、气焰。

照耀

持“火”（）把进入洞穴“寻找宝物”（，奂）。

焕煥

huàn

现代人采矿时，头上必须配戴灯具。然而，古代人只能借助于火把。“焕”的本义是持火把进入矿坑采矿，引申为光亮、鲜明，相关用词如容光焕发、焕然一新。《后汉书》：“宝鼎见兮色纷缊，焕其炳兮被龙文。”

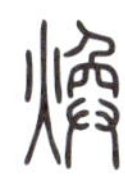

篆

“皇”（）冠的“光辉”（，火）。

煌

huáng

引申为明亮，常用词如辉煌、敦煌等。

篆

燦灿

càn

“火”（）光照耀下的精致白米（，粲）。

引申为光彩耀眼，常用词如灿烂夺目、灿然一新等。

 篆

熙

xī

在堆“火”（）旁“喂婴儿吃奶”（，配）。

母亲在户外或夜晚解衣喂奶，寒冷无比。若能在火堆旁喂奶，母子得温饱，整个家庭就显得幸福美满，引申为温暖和乐的样子，相关用词如熙熙攘攘（热闹的人群）、熙阳（温暖的阳光）。

 篆

尉

wèi

“手”（，寸）拿着“两”（，二）支“火”（）把守护“躺卧的人”（，尸）。

当主人在夜晚睡觉时，守卫者必须加以保护。篆体是由“尸、二、火、又”组成，代表手拿火把守护，使人能安心睡觉。这是描写夜间的一个守卫，引申为防盗的官、军官，如廷尉、县尉、少尉、上尉等。“尉”也是“慰”的本字，代表使人安心，如《汉书》：“以尉（慰）士大夫心。”

 篆

“手拿火把守护”（，尉）使人安“心”（）。

慰

wèi

“慰”的本字是“尉”。引申为安抚人心，常用词如慰问、安慰、劝慰等。

“夜间一个守卫”（，尉）手中的“火”（）把。

熨

yùn

由于守卫者的火把必须紧紧靠近所保护的对象，故引申为以热力贴近，常用词如熨贴、熨斗等。《世说新语》：“冬月妇病热，乃出中庭自取冷，还以身熨之。”

篆

“𤇾”——火把

或写作焭。两支点燃的火把。

𤇾

yíng

金文表示两支点燃的火把，这是描写古人在夜间点燃火把的景况。“𤇾”是“荧”（熒）、“荣”（榮）的本字。

金

營营

yíng

在夜间，看见许多“火把”（，炏）一个个“连接在一起”（，吕）。

金文代表“某地”有“火把”点燃，篆体将“口”改写成了“吕”，似乎是表示有许多人驻扎在某地挑灯夜战、日夜赶工的情景，引申为驻扎在某地、努力从事，常用词如军营、露营、营建、经营、营业等。

金 篆

熒荧

yíng

“火把”（，炏）发出的“火”（）光。

引申为微光，《说文》：“荧，屋下灯烛之光。”

金 篆

瑩莹

yíng

“玉”（）发出的“荧”（，炏）光。

玉会发出微微的光泽，《韩诗外传》中说：“良玉度尺，虽有十仞之土，不能掩其光；良珠度寸，虽有百仞之水，不能掩其莹。”《逸论语》：“如玉之莹。”《广韵》：“莹，玉色。”

篆

榮荣

róng

在“木”（ ）棍上点燃“火把”（ ，炏）。

本义为光耀，引申为繁华、显达，相关用词如光荣、荣华、繁荣、荣景等。

螢萤

yíng

发出“荧”（ ，炏）光的“虫”（ ，虫）。

萤火虫生长于水边，夏天会飞出来，腹部发出亮光，又称为流萤、火虫儿、火金姑等。

勞劳

láo

在夜间点燃“火把”（ ，炏）努“力”（ ）工作。

引申为辛苦卖力，相关用词如劳力、辛劳、劳苦等。

鎣蓥

yìng

发出“金”（ ）属“荧”（ ，炏）光。

引申为擦得发亮。

营
荧
荣
𤇾
劳
蓥
萤
莹
茔

莹茔

yíng

发出“荧”（，）光的“土”（）堆。

“茔”似乎是形容会发出粼粼鬼火的坟墓，常用词如坟茔、茔地。

篆

縈萦

yíng

交缠的“草绳”（，）燃放着火“荧”（，）。

远古时代的人制作草烛，先将草绳绑在木棍上，然后涂上脂油，从尾端点火燃烧。当有人挥舞此木棍时，燃烧的草绳看起来就像一条火龙在人的头上舞动着。金文代表在“两股交缠的草绳”（，）上点“火”。引申为缠绕、围绕，常用词如萦绕等（请参见“烛”）。

金

篆

“尞”——火堆

燎

liáo

或写作尞（）。以“火”（）焚烧木“柴”（）。

“尞”是“燎”的本字。“尞”的甲骨文、、、、及金文是由“一捆木柴”（）、“火”（）所组成，代表焚烧柴火。周朝人何时会焚柴呢？除了夜间围在火堆周围取暖以

甲

篆

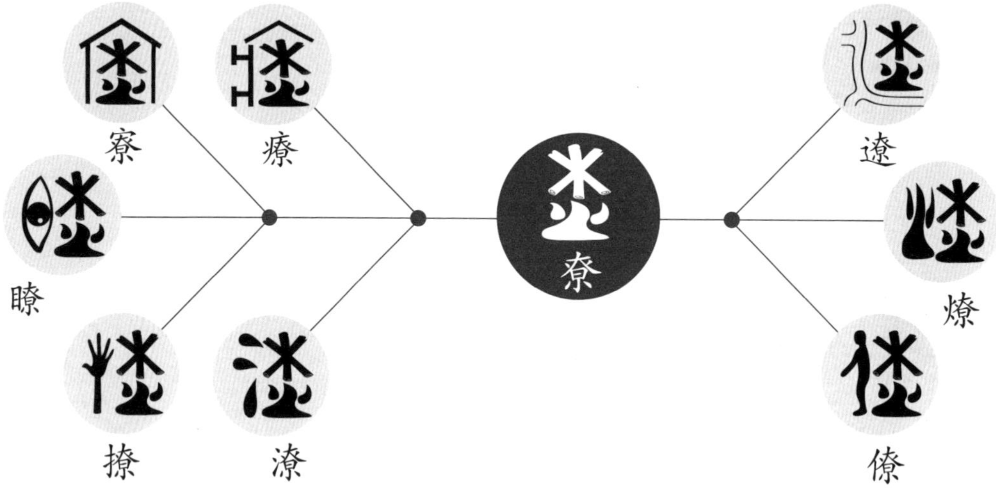

外，较为知名的就是“燎祭”“燎猎”与“庭燎”。燎祭是指焚柴祭天的大典；燎猎是指焚林而猎；而庭燎则是指在朝廷中燃烧的火堆，这是供前来开会的大臣夜间照明及取暖用的。《诗经》中有一篇《庭燎》，主要描写周宣王勤于早朝，因此，诸侯、公卿必须天未亮就赶赴朝廷，诗中说：“夜如何其？夜未央，庭燎之光。君子至止，鸾声将将……”（夜里什么时候呢？还不到夜半，宫廷前就燃起熊熊的火光。大臣已陆续来到，銮铃叮当作响。）春秋时期，齐桓公为招募贤士，也在朝中设立庭燎，盼望有才能的人能前来与他商议国事。《通典》：“火在地曰燎，执之曰烛。”《正字通》：“尞与燎同。”《潜夫论》：“燎猎中野。”

僚

liáo

围在“火堆”（，尞）旁商议事件的一群“人”（）。

“僚”本指服差役的小官（请参见“寮”）。

 篆

潦

liáo

熊熊烈“火”（，尞）被大“水”（，氵）浇熄。

“潦”引申为大雨，“潦潦”或“潦雨”都是形容雨势盛大，而“潦灾”则是指大水灾，失意穷困则称为“潦倒”。《庄子》：“禹之时，十年九潦。”

 甲

 篆

撩

liáo

动“手”（）拨弄“火堆”（，尞）上的木柴使其充分焚烧。

引申为拨弄，常用词如撩拨、撩裙、撩动等。

 篆

瞭

liǎo

点燃“火堆”（，尞）使“眼睛”（，目）看得清楚。

引申为眼睛明亮、清楚明白，常用词如瞭望等。

寮

liáo

可供"烧柴"（，寮）取暖的"房子"（，宀）。

甲骨文、都是由"一捆木柴"（）、"火"（）及"宀"（）所组成，代表在室内焚柴取暖。"寮"的本义为一群出外办事的小官围在火堆旁，商议明日该办之事。在先秦典籍中，"寮"多指小官，如"公卿百寮""百寮各修其职""群寮百姓""同官为寮""百寮会议"等。后来此字改写作"僚"，如同僚、官僚等；而"寮"则专指户外的简陋小屋，如工寮、茅寮等。

甲

金

篆

療疗

liáo

在"病床"（，疒）边生起"火堆"（，寮）。

引申为休养、医治，常用词如疗养、疗伤、治疗等。

篆

遼辽

liáo

烈"火"（，寮）"四处蔓延"（，辶）。

引申为宽阔、遥远，常用词如辽阔、辽远等。

篆

火红

耿

gěng

羞愧时，“耳”（）根子“发红”（，火）。诚实的人不会掩饰自己的过错，一旦犯错就耳根发红，羞愧不已。“耿”引申为诚实的、光明正直的，常用词如耿直、忠心耿耿等。

金

篆

秋

qiū

“火”（）烧“禾”（）草。秋收之后，古代农夫会在田中焚烧禾草，一方面杀死危害农作物的害虫，另一方面可将灰烬作为肥料。因此，篆体以“禾、火”的会意字来代表秋。“秋”的甲骨文却像一只蟋蟀，又称为促织，因为夏末秋初是它求偶鸣叫的季节，所以借此宣告秋季即将来临。

甲

篆

第五章 水

"水"汇集后变成"川"，遇冷凝结后变成"仌"（冰），蒸发后变成"气"（水蒸气），而气在空气中凝结后变成"雨"降落到地面。就这样，水衍生出川、仌（冰）、气、雨、兆、永、昔等。隶书出现后，又将"水"简化成"氵"（俗称三点水）。

水对人类而言是不可或缺的，在生活中的各个层面人都离不开水，而在大自然中也处处都能见到水，因此，水的衍生字非常多。为了系统地说明有关水的汉字，本章仍然采用分类方式来彰显古人的表达艺术。从何开始呢？就从尧舜时期开始吧！从前，洪水泛滥的时候……

一
雨
昔
气
水
兆
仌
川
永
氵

“水”（氵）的衍生字

“兆”——洪水泛滥

洪水来临时，许多人挑选重要财物赶紧逃亡。甲骨文（兆）表示“水流”及两只奔逃的“脚掌”，代表洪水泛滥；（挑）添加了提行李的手；（逃）又添加了道路符号，表示寻路逃亡。此外，（佻）是一个逃亡的人。由以上甲骨文可知，一系列与“兆”有关的古字都在描写逃离洪水的景况。因此，于省吾认为“兆”的字形像“大水至而人逃散，是‘逃’的初文”。

兆

zhào

洪水泛滥。

甲骨文表示“水流”及两只奔逃的“脚掌”，代表洪水泛滥。篆体除了呈现四散的水流之外，添加了“八”的符号。“八”是“分”的本字，一方面代表泛滥的洪水流向各处，另一方面也代表难民四处奔逃。“兆”的本义是洪水泛滥，引申为事情发生所呈现的迹象，常用词如预兆、征兆、凶兆、兆头等。由于洪水来临时，逃亡的百姓甚多，故“兆”又引

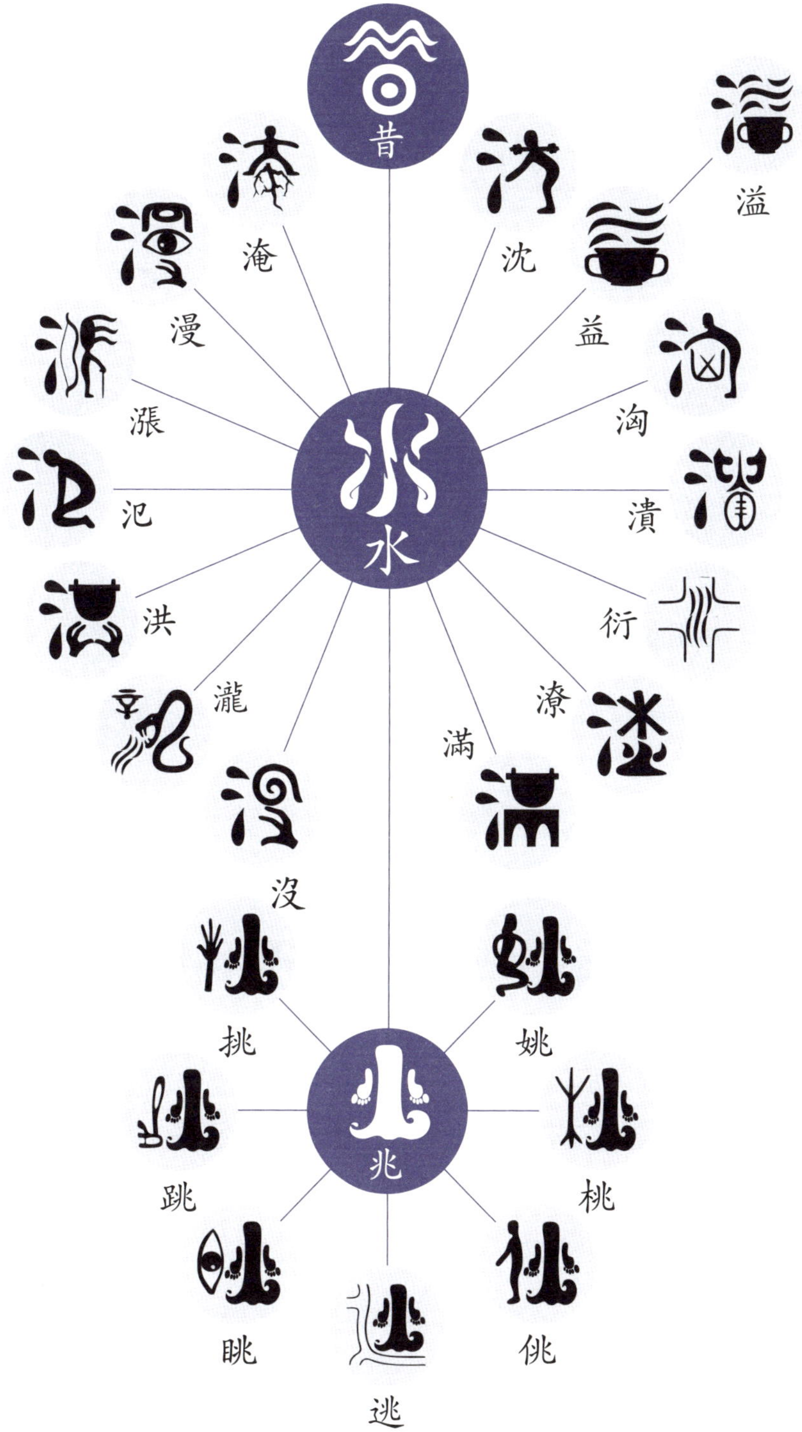
昔
淹
沈
溢
漫
益
漲
洶
水
氾
潰
洪
衍
瀧
潦
滿
沒
挑
姚
兆
跳
桃
眺
佻
逃

申为众多，如《尚书》:“受有亿兆夷人。”“一人有庆，兆民赖之。”

挑

tiāo

“洪水泛滥”（，兆）时，“手”（）提着行李逃亡。

洪水暴发了，每个人手提着自认为最重要的财物赶紧逃亡。引申为拣选、用肩承担，常用词如挑选、挑取、挑食等。

 甲

 篆

跳

tiào

“洪水泛滥”（，兆）时，跨“足”（）前行。

引申为越过、脱离、腾空，常用词如跳越、跳级、跳脱、心跳、跳动等。

 篆

眺

tiào

“望着”（，目）“洪水泛滥”（，兆）的景象。

有关古代洪水泛滥的景象，《尚书》记载：“汤汤洪水方割，荡荡怀山襄陵，浩浩滔天。”这段文字是尧望着泛滥的洪水所发出的感叹。“眺”又写作“覜”，引申为四处张望，常用词如眺望、远眺等。

 金

 篆

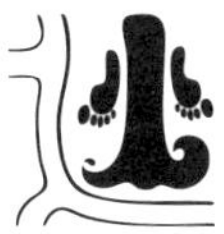

“洪水泛滥”（，兆）了，赶快“走”（，辶）吧！

逃

táo

甲骨文是“兆、彳”的合体字，“彳”代表道路，篆体将“彳”改写成了“辵”（辶），这是行走的符号。整体而言，都是代表洪水泛滥，赶快寻路逃亡。引申为跑走、躲避，常用词如逃命、逃走、潜逃、逃避等。

处在“洪水泛滥”（，兆）中的“人”（）。

佻

tiāo

本义为惊慌失措的人，引申为不庄重，常用词如轻佻、佻薄等。

“洪水泛滥”（，兆）的“女”（）姓氏族时代。

姚

yáo

从石器时代到洪水泛滥的尧舜时期是母系氏族时代，对商周人而言都算是遥远的时代，因此，“姚”的本义就是遥远年代，如《荀子》“其功盛姚远（遥远）矣。”可见，“姚”出自于遥远的洪水泛滥年代。相传尧舜时代，洪水泛滥。舜成就功业以后，尧赐他“姚”姓。赐姓的用意极可能是为了追念舜的先祖来自饱经洪水泛滥之苦的女性。连带地，舜所出生之地也被称为姚

墟。《孟子》:“当尧之时,天下犹未平,洪水横流,泛滥于天下。”《春秋繁露》:“故天将授舜,主天法商而王,祖锡姓为姚氏。”《风俗通义》:“舜生姚墟。”

桃

táo

会显露春天征“兆”()的树(,木)。

春天大水来临,恰逢桃花季节。《礼记》:“仲春之月……始雨水,桃始华。”《汉书》:“来春桃华水盛。”因此,古人看见桃花开了,就知道春天来了。《焦氏易林》:“春桃萌生,万物华荣。”桃花盛开,也是结婚的好季节,《诗经》:“桃之夭夭,灼灼其华。之子于归,宜其室家。”《焦氏易林》:“春桃生花,季女宜家。”可见,在古人眼中,桃花开是个好兆头,常用词如桃子、桃红、桃花运等。

篆

洪水

昔

xī

天降大雨,“太阳”(,日)完全被“大水遮蔽”()。

(请参见第七册的衍生字。)

甲 金 篆

瀧泷

lóng

"龙"（）吐"水"（，氵）。

古人相信龙会带来雨水，西汉有设置土龙以招来雨水的习俗，西汉《论衡》记载："设土龙以招雨。"在商周人的思想里，龙也是水患元凶。在汉字中，最能表达"龙吐水"的莫过于"泷"。"泷"的甲骨文、、是表示"龙"张口吐"水"的象形文，引申为下大雨或湍急的河流。《集韵》："泷，奔湍也。"

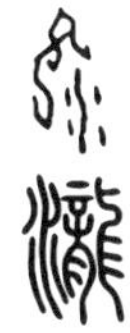

甲 篆

洪

hóng

众"水"（，氵）"共"（）聚。

尧舜时代，洪水泛滥。天上豪雨、山谷溪水与各方川水全都涌入民宅与禾田，造成大洪水。本义为大水，常用词如山洪、防洪、泄洪、分洪。引申为大，如洪恩。

篆

氾

fàn

"水"（，氵）灾过后，许多无家可归的人蹲缩在"地上"（，巳）。

水灾过后，许多无家可归的人被迫沦落野地。引申为大水蔓延、广大，相关用词如氾滥（今作泛滥）。

篆

漲涨

zhǎng

或读 zhàng。不断上升的河“水”（，氵）好像“张”（）开的弓。

弓拉满了就要发射；河水升高到一定程度就会暴发，漫过堤防，四处泛滥。本义为河水升高，引申为上升，常用词如涨价、涨潮、暴涨等。

漫

màn

泛滥的河“水”（，氵）像“缠头巾”（，曼）。

缠头巾将头一层层包裹，漫延的河水也是如此覆盖大地。引申为覆盖、遍布、不受拘束的，常用词如浪漫、散漫等。

淹

yān

被“水”（，氵）“覆盖”（，奄）。

常用词如淹没、淹水、淹死等。

篆

沒没

méi

或读 mò。东西沉入“回旋”（，回）的“水”（，氵）流之中，“手”（，又）捞不着。

“没”本义为消失不见，引申义有两个：其一为无，音发 méi，相关用词如没有；其二为消逝，

篆

音发 mò，相关用词如沉没、隐没、淹没等。

或写作沉。“将人捆绑”（，冘）投入“水”（，氵）中。

沈

chén

“沈”与“沉”同义。北魏的刑法规定，若有人施行巫术害人，将会被处以沉渊之刑，执法者将黑羊及狗绑在受刑人前胸后背，一齐丢入水中。《魏书》：“巫蛊者，负羖抱犬沉诸渊。”这种刑法似乎是引自战国初期河伯娶亲的故事。《史记》记载，西门豹治理邺县之前，邺县常遭水患，于是女巫借机散播迷信，说是若能每年送女子给河神做妻子，将可免除水患。百姓深受此迷信所累，纷纷携女逃离，造成田地荒芜，百业萧条。西门豹任县令后，致力于各种改革；为了消除迷信，将女巫一个个投入河中。此后，邺县就渐渐兴旺起来。古代受“沉水之刑”的不乏其人，如《说苑》中就记载了一段春秋时期晋国功臣赵简子将谄媚的臣子栾激沉入河中的故事：大臣栾激为赵国国君赵简子建造宫室台榭，进献良马与女人，却不曾任用良臣谋士。赵简子因感于栾激不断增添自己的罪过，于是将他沉入河中。又如吴王夫差将功臣伍子胥沉江，屈原含冤自尽等。

甲 金 篆

衍

yǎn

大“水”（，氵）四处窜“行”（）。

引申为散布、扩增、延伸等，常用词如漫衍、繁衍、衍生等。

潰溃

kuì

大“水”（，氵）冲坏“贵”（）重设施。

大水冲毁堤防、民宅与田产等，损失惨重。引申为被大水冲坏，常用词如溃决、溃堤、崩溃、溃散等。

洶汹

xiōng

大“水”（，氵）像一个“凶险的人”（，匈）。

引申为水势凶险，常用词如汹涌等。

益

yì

在“容器”（，皿）里添满“水”（，氵）。

引申为添满、更加、有利。相关用词如益发、益处、利益等。“益”是“溢”的本字。

溢

yì

“水”（ ，氵）从“容器里满出来”（ ，益）。

常用词如满溢、溢出等。

篆

治水

有关治水的汉字，“况”像是一个探子在报告洪水的情形，“治”是一个领导人在指挥治水。治水的策略不外乎防堵与疏通，“湮”是采用沙包防堵的策略，而“决”、“浚”、“灭”、“泄”都是疏通的策略。此外，“消”、“减”则是形容洪水渐渐消退了。

况况

kuàng

“一个人张口”（，兄）描述洪“水”（，）的情形。

引申为情形，常用词如近况、情况、概况；又引申为进一步描述，常用词如况且、何况等。

 甲

 篆

治

zhì

“口吐气息”（，台）指挥群众疏通大“水”（，）。

水患一直是古人挥之不去的梦魇，因此，治水始终是历代极为重要的民生大事。“治”像是描写治水英雄大禹，坐镇指挥，将泛滥的大江大河一条条疏通的情景。“治”原指治水，引申为管理、诊疗、处理或解决问题等，常用词如统治、治理、治国、治病、医治、治学、治罪等。

 篆

台

yí

或读 tái、tāi。从“口”（）中发出“气息”（，厶）。

“台”的本义是口中发出命令。在金文中，台与“司”常相伴且可相互替代，如“始”的金文、、。其中，“司”与“台”出现相互替换的情形。其他金文如、与等也是如此。可见“司”与“台”具有相近的意义，都代表口中发出命令。

金

篆

湮洇

yān

用“一袋袋的土”（，垔）防治“水”（，氵）患。

“湮”的本义是以沙包防堵洪水，引申为掩盖、堵塞，相关用词如湮塞、湮没等。《焦氏易林》：“鲧湮洪水。”不只是鲧善于用沙包防堵，他的儿子禹更是青出于蓝，因为他懂得哪些地方要用防堵法，哪些地方必须用疏导法。《庄子》：“昔者禹之湮洪水，决江河而通四夷九州也。”“湮”的本字是“垔”。《说文》：“垔，塞也。”《尚书》：“鲧堙洪水。”

篆

奴

cán

“手”（，又）持骨“铲”（，歺）。

大禹开凿河谷以疏通洪水。当时（夏朝以前）工人所使用的原始工具是什么呢？《尚书》描写大禹“随山浚川”，从“浚”的结构来看，他

甲

金

篆

所使用的开凿工具可能是骨铲。就甲骨文与金文而言，甲骨文 是手拿骨铲， 是以骨铲通水道，金文 是一个人手拿骨铲行走。就考古证据而言，从河姆渡、西安半坡、殷商到西周都出土过骨铲，可见骨铲的应用相当普遍。“歺”代表残骨，也就是死了的人或动物的骨头。古人制作各种骨质器具，如骨针、骨镞、骨铲、骨耜及骨棒等。依据含有“歺”的甲骨文与金文来分析，“𣦼”应是骨铲的象形字。就考古而言，商周人大多以牛的肩胛骨制成骨铲，其形状与歺的甲金文相似。

壑

hè

“手持骨铲”（，𣦼）挖“土”（）以疏通河“谷”（）。

壑（）是“歺、又、谷、土”的合体字，代表手持骨铲（）挖“土”（）以开通河“谷”（）。引申为溪谷、坑洞，常用词如溪壑、丘壑、沟壑等。

篆

濬浚

jùn

“看准”（，目）位置以“骨铲”（，歺）疏通河“谷”（），使大“水”（，氵）排出去。

“浚”引申为疏通河谷，常用词如疏浚、浚河、修浚等。《尚书》：“禹别九州，随山浚川。”《文子》：“掘地而井饮，浚川而为池。”甲骨文 是“水、歺”

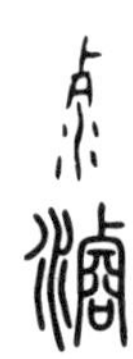

甲

篆

组成的会意字，应是描写以骨铲疏通水道。篆体添加了“谷”，后来又添加了“目”。（裘锡圭：“手持铲凿之类工具挖土，以疏通河谷。”）

睿

ruì

“看准”（，目）位置以“骨铲”（，歺）疏通河“谷”（）。

大禹别具慧眼，能精准判断挖凿的位置，所以能疏通洪水。篆体是“歺、谷”组成的会意字，代表以骨铲挖凿河谷。另一个篆体添加了“目”，代表看准位置。“睿”引申为通达事理，常用词如睿智、睿哲等。“睿”又写作“叡”，更清楚地表明手持骨铲挖凿河谷。

篆

叡

ruì

“看”（，目）准位置，手持骨铲（，奴）疏通河“谷”（）。“叡”同“睿”。

篆

决 決

jué

开凿“缺”（，夬）口让洪“水”（，氵）流出去。

《庄子》记载：“昔者禹之湮洪水、决江河而通四夷九州也。”《尚书》：“予决九川。”这里所谓的

篆

“湮”代表防堵;“决”代表疏通，就是开凿“缺”口让大“水”流出去。鲧治水失败被处死，将任务留给大禹。大禹当初“开山治水”不仅是果敢的判断，也是大胆的冒险行为，一旦失败就必须付出被处死的代价。“决”的本义是开山治水，引申为断定、处死，常用词如决断、判决、决定、处决等。

洩泄

xiè

把“水”（，氵）拖“曳”（）出来。

常用词如泄洪等。

滅灭

miè

“消灭”（，戉）大“火”（）与大“水”（，氵）。

长柄大斧不仅可以疏通河道，消除水患；也可以除去可燃物，消灭火灾。因此，消防人员出勤时，总是手持斧头。甲骨文是以“长柄大斧”消除大“水”，篆体变为以“长柄大斧”消灭大“火”及大“水”。

甲 篆

“以长柄大斧除去”（，咸）盛大的“水”（，氵）势。

减减

jiǎn

大禹以疏导方式消除洪水，以长柄大斧砍去堵塞河道之物，涨起的河水便渐渐消退。“减”的本义是让洪水消退，引申为降低、去除、免除，如《吕氏春秋》：“水泉减竭。”《汉书》：“减死（免死也），髡为城旦。”其他相关用词如减轻、删减、减除等。

篆

从涌泉、江河到海洋

尽管许多河川源远流长，但总有个起点与终点。青海省南部高原平均海拔在四千五百米以上，是长江、黄河、澜沧江的发源地，因而有“三江之源”及“中华水塔”的美称。这些河川从涓涓细流到汇聚成大江大河，绵延数千公里，最终流入大海。

涌泉与瀑布

“水”（，氵）从“极高处”（，丁）涌流出来。

（请参见第七册。）

泉

quán

甲

篆

湧涌

yǒng

“水”（，氵）从通（，甬）道中奋“力”（）冒出来。

引申为水大量冒出来，常用词如涌泉、汹涌等。“涌”与“湧”通用。

瀑

pù

川“水”（，氵）“迅速向外激发”（，暴）。

如瀑布、飞瀑等。

篆

江河

“江淮河汉”是中国最著名的四大河，由它们的造字典故可稍微领略古代的大河文化。

江

jiāng

大“水”（，氵）奔腾时，发出“工——工——工——”的夯杵声（，工）。

中国最重要的两条大河，就是长江与黄河。为何一个称为江，另一个却叫作河呢？因为南方人觉得大河奔腾时所发出的声音有如夯杵声，“工——工——工——”；北方人则觉得像歌咏的声音“呵——呵——呵——”。故南方人称大河为“江”，如长

金

篆

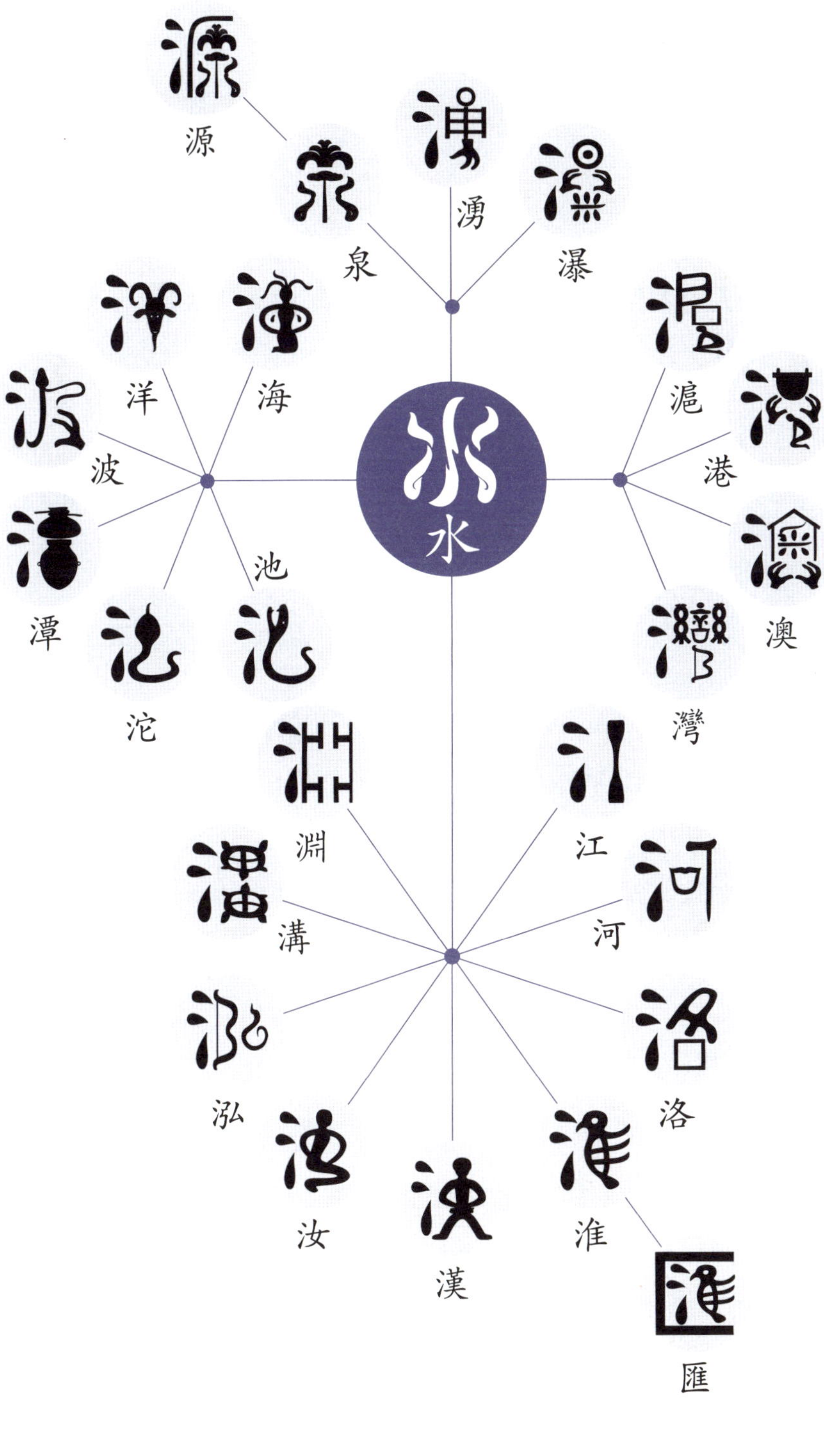
水
源
泉
湧
瀑
洋
海
波
潭
池
沱
滬
港
澳
灣
淵
溝
泓
汝
漢
淮
匯
江
河
洛

江、钱塘江、珠江等；北方人则称为“河”，如黄河、洛河、渭河等。

河

河

hé

甲　金　篆

令人忍不住“歌颂赞美”（，可）的大“水”（，氵）道。

甲骨文表示一个人拄着杖来到水边，金文及篆体右半部分改写成了“可”，表示歌颂。“河”的本义是令人歌颂赞叹的大川，原本代表黄河，引申为大水道，如黄河、淮河等。

洛

洛

luò

甲　金　篆

水“路”（，各）发达的“河流”（，氵）。

“洛”就是指洛水，是黄河的重要支流，也是上古时期很有名的河流。西周时在洛水经过的洛阳附近，就有修建沟渠的记录。周朝时人们对洛河进行水利开发，无论是行船还是灌溉都相当进步。洛水与黄河交汇的地区统称为“河洛地区”，而“河洛文化”也可以算是中华民族的文化源头之一。

淮

淮

huái

甲　金　篆

有许多“鸟”（，隹）栖息的“河”（，氵）。

淮河古代称为“淮”或“淮水”。淮河渔产丰富，因此岸边便成为鸟类最佳栖息地。关于淮河有鸟栖息的记载，如《尚书》：“淮、海惟扬州。彭蠡既猪，阳鸟攸居。”《说文》：“焉鸟，黄色，出于江淮。”此外，蚌埠市，古称蚌，位于淮河边，因盛产河蚌而闻名，也因此吸引了很多鸟在此栖息，甚至连雉鸡都为了吃蚌而踏入淮水。《大戴礼记·夏小正》：“玄雉入于淮，为蜃。”《国语》：“雀入于海为蛤，雉入于淮为蜃。”

匯汇

huì

在许多河“水”（，氵）汇合处“收存”（，匚）了许多“鸟”（，隹）。

篆

许多水流汇合之处，含氧量高且带来许多有机物，因此吸引了许多鱼群。鱼群多，鸟类自然就聚集。“汇”引申为河流汇合处、各种生物聚集之处、流通，常用词如汇集、汇合、汇聚、汇总、汇流、汇款等。“匯”又写作“滙”。《尚书》：“东迤北，会于汇。”《集韵》：“汇，水回合也。”

漢汉

hàn

“难”（，莫）以横越的河“水”（，氵）。

金

篆

“汉”指的就是汉水，一条在天上，一条在地上。

天地两汉水	地上的汉水	天上的汉水
汉水的位置	汉水是长江最大支流，古称沔水。	天上银河古人称之为河汉、天汉或云汉，是凡人无法到达之处。
以汉水为界	在商周时期，汉水将南方楚国与北方中原两相分隔。楚汉争霸时，两国以汉水为界，汉王刘邦辖汉水以西地区，楚王项羽辖汉水以东地区。	银河将夜空等分。
汉水两岸的爱情故事	《诗经》与《楚辞》中记载汉水对岸有美女优游徘徊，令人朝思暮想却追求不得。因为汉水又长又广，无论游泳或乘船都难以横越。	牛郎星与织女星隔着银河两相对望，却无缘相聚，于是富有想象力的古人创造了天上的织女与人间牛郎相恋的爱情故事。

综合上述关于汉水的典故，可发现无论是人间的汉水，还是天上的汉水，都在说明“汉”代表一条“难水”，代表一条不可跨越的鸿沟，隔开了地上的南北与东西，隔开了星空，也隔开了人间与天庭。金文  是由“难、水”所组成，金文  是“莫、水”的合体字，清楚表明了汉水就是一条难水。

秦朝末年，刘邦向项羽称臣，受封于此，成为“汉中王”。经过数年蓄积民力后，变得国富民强，最后击败项羽，争霸天下，以“汉”为国号，此后就出现了汉人、汉字、汉子、男子汉、单身汉、流浪汉等用语。《诗经》:“汉有游女，不可求思。汉之广矣，不可泳思。”《楚辞》:“周徘徊兮汉渚，求水神兮灵女。”《焦氏易林》:“汉有游女，人不可得。”《诗经》:“维天有汉，监亦有光。跂彼织女，终日七襄。”《诗经》:“沔彼流水，朝宗于海。”《水经注》:“此方人谓汉水为沔水。”

堇

jǐn

双手被反绑的人。

甲骨文  表示一个双手被反绑的人，代表一个处在困境中的人。“堇”是“難”(难)的本字。

 甲

 金

楷书	示意图	甲骨文	金文	篆体	构字意义
堇					落难的人，“难”的本字。
難					落难的鸟。
漢			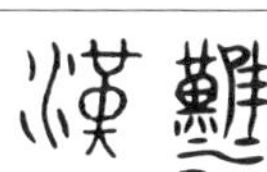		难以跨越的河。

難难

nán

落"难"（，<u></u>莫）的"鸟"（，隹）。

"难"的本字是"莫"，甲骨文代表一个落难的人。金文添加"隹"，变成了一只落难的鸟。另一个金文又添加"火"，表示一只被火烤的鸟。引申为不好过，常用词如困难、难过、患难、艰难等。

甲 金 篆

汝

rǔ

在"水"（，氵）一方的美"女"（）。

金文中，常以"女"代表"你"，如西周青铜矢令方彝："今我惟令女（汝）二人。"为何会以"女"代表"你"呢？显然是古代两性之间，以男性为第一人称，女性为第二人称。后来为了明确，于是加上"水"成为"汝"。为何在女字旁加上水呢？女人与水有何关系呢？西周《诗经》中的美女总是在水一方，宛若天仙，却求之不得。如《诗经·汉广》与《楚辞》中记载汉水对岸有神女优游徘徊，令人朝思暮想却追求不得，因为汉水又长又广，无论游泳或乘船都难以横越。又如《诗经·蒹葭》记载："所谓伊人，在水一方。"同样地，这个令人爱慕的河对岸的美女也是行踪飘忽，无法寻见。周朝人讲求礼仪，夫妻相敬如宾，或许因此以在"水"一方的美"女"称呼对方吧。

甲 篆

此外，也有人认为第二人称的"汝"是假借汝水（淮河支流）而来，但汝水之所以被称为"汝"，想必此河与女人有关，或许也是取自古代传说中的水上仙女吧！《诗经》："所谓伊人，在水一方。遡洄从之，道阻且长。遡游从之，宛在水中央。”

泓

hóng

“水”（，氵）波“如弓弦震荡”（，弘）。

甲骨文是由“水”及“弓弦”两个符号所组成，表示水波荡漾与弓弦振动。水波荡漾时，由大到小渐渐减弱，由近到远慢慢传递出去，此特性与弓弦振动很相似。金文代表弓弦振荡如水波；篆体改写成“水、弘”组成的会意字，“泓”引申为水势很大。先秦典籍中的“泓”是指古代的“泓水”，一条著名的古河，在今河南柘城西北。春秋时期，宋襄公是继齐桓公之后的霸主，素有仁义之风，可惜在“泓水之战”中中箭而亡。泓水之战是宋楚两国的会战，当楚国大军正在渡过泓水时，大司马子鱼建议乘机攻击，襄公表示不愿乘人之危，予以拒绝。待楚军上岸后，子鱼再度建议襄公趁对方还来不及整队的时候攻击，襄公还是表示要等对方整军后再公平对决。最后，宋军大败，襄公中箭身亡，宋国从此衰落。

溝沟

gōu

使两条“水”（，氵）道“相接”（，冓）。

无论是引水灌溉还是排水，都必须从一个水道导引到另一个水道，故“沟”引申为疏通、引流的凹槽，相关用词如沟通、水沟、沟渠等。“沟”是连接两条河流的人工开凿河道。鸿沟与邗沟是春秋战国时期最著名的两条古运河，鸿沟连接黄河与淮河，兴建于战国魏惠王（约前 360 年）时期；而邗沟则连结淮河与长江，兴建于春秋吴王夫差（约前 485 年）时期。

淵渊

yuān

周围有“高墙”（ ， ）的深“水”（ ， ）区。

本义为深水潭，引申为深水，常用词如深渊、渊源、渊博等。

金

篆

海洋与潭池

海

hǎi

收纳“每”（ ）条河“水”（ ， ）的地方。

每一条大江河或小溪流，最终都会流到海里。古谚“海纳百川”也反映了海的包容力。本义为河水汇聚的广大水域，引申为汇聚处、大的器皿，常用词如东海、地中海、青海、茶海、人海、花海等。《说文》：“海，天池也。以纳百川者。”

金

篆

洋

yáng

波光粼粼的“水”（ ， ）面像闪亮荡漾的绵“羊”（ ）毛。

“洋”是广大无垠的水域，一眼望去，它波光粼粼的水面就像闪亮荡漾的绵羊毛。引申为广阔的海、外国的，如海洋、汪洋、太平洋、洋人等。“羊”也是声符。

篆

波

bō

“水”（，氵）上方起伏的“表面”（，皮）。

“波”的本义是水面上振荡起伏的波浪，引申为像波浪一样的，常用词如水波、声波、波动、奔波等。

篆

潭

tán

将“尖底陶瓶”（，覃）沉入“水”（，氵）中。

陕西历史博物馆所收藏的仰韶文化尖底陶瓶是一个汲水用具，其构形与“潭”的甲骨文完全一致。它是一个象形字，表示将尖底瓶沉入水中汲水。汲水用的陶瓶，特点是尖底、圆腹、小口，瓶身有环孔以供系绳。汲水时只要将瓶子沉入深水处，尖底会自然沉入水底；待瓶子装满水后，即可拉绳取瓶。篆体变成了“水、覃”组成的形声字。“潭”的本义是汲水，引申为深水之处。《楚辞》中提到：“屈原既放，游于江潭。”其中的江潭，指的应是湘江深水区。《广雅》：“潭，渊也。”

甲

篆

覃

tán

将“一袋盐”（，西）放进深底瓶内。

金文及篆体代表将卤盐置入深底瓶内。本义为浓厚的盐味，引申为味道浓厚、深厚，相关用词如覃恩（厚恩）、覃思（深思熟虑）等。《说

金

文》："覃，长味也。"为了简化隶书的书写，把"卤"改写成"西"，把陶瓶改写成了"早"。

沱

tuó

蜿蜒如"蛇"（，它）的"水"（，氵）流。 大雨过后，雨水四处蜿蜒流动。引申为水量丰富，如滂沱。

金

篆

池

chí

蜿蜒如"蛇"（，也）的"水"（，氵）湾。 "池"本写作"沱"，其中，"也""它"两个符号都代表蛇。"池"原是指蜿蜒的水流，后引申为被开凿的护城河，如《周礼》："掌修城郭、沟池。"《文子》："掘地而井饮，浚川而为池，筑城而为固。"《诗经》："滮池北流，浸彼稻田。"《康熙字典》："穿地通水曰池。""池"后来引申为人工开凿的水塘，常用词如城池（护城河）、池塘、水池等。

港湾

滬沪

hù

"水"（，氵）"城"（，邑）的门"户"（）。

上海市自古以来不仅是著名水城，还是长江及黄浦江的门户，因此简称"沪"，即所谓水城的门户。古代的“沪水”是指吴淞江（现今之黄浦江），古代渔民在此设竹簖截鱼。《康熙字典》：“玄沪，水名也。”陆龟蒙《渔具咏序》：“网罟之流，列竹于海澨，曰沪。”

港

gǎng

在“水”（，氵）湾处开辟“巷”（）道供船舶停靠。

无论是河港还是海港，都是在水湾处开辟一条供船进入里面躲避风浪的巷道。引申为船只可停泊的水岸，常用词如港口、商港、军港、避风港、香港等。

篆

澳

ào

深藏在内（，奥）的深“水”（，氵）湾。

“澳”是深水湾，常用词如澳门、澳大利亚等。《宋史》：“无港澳以容舟楫，三年间覆溺五百余艘。”《说文》：“澳，隈，厓也。其内曰澳，其外曰隈。”

篆

灣 湾

wān

“水”（，氵）流“弯”（，弯）曲的地方。

常用词如河湾、港湾、湾流等。

涉水行船

古人横越水域主要是迈过、涉水、游泳、行船及不定向的漂浮。若采取涉水方式，就必须先测量水的深浅才能安全抵达。

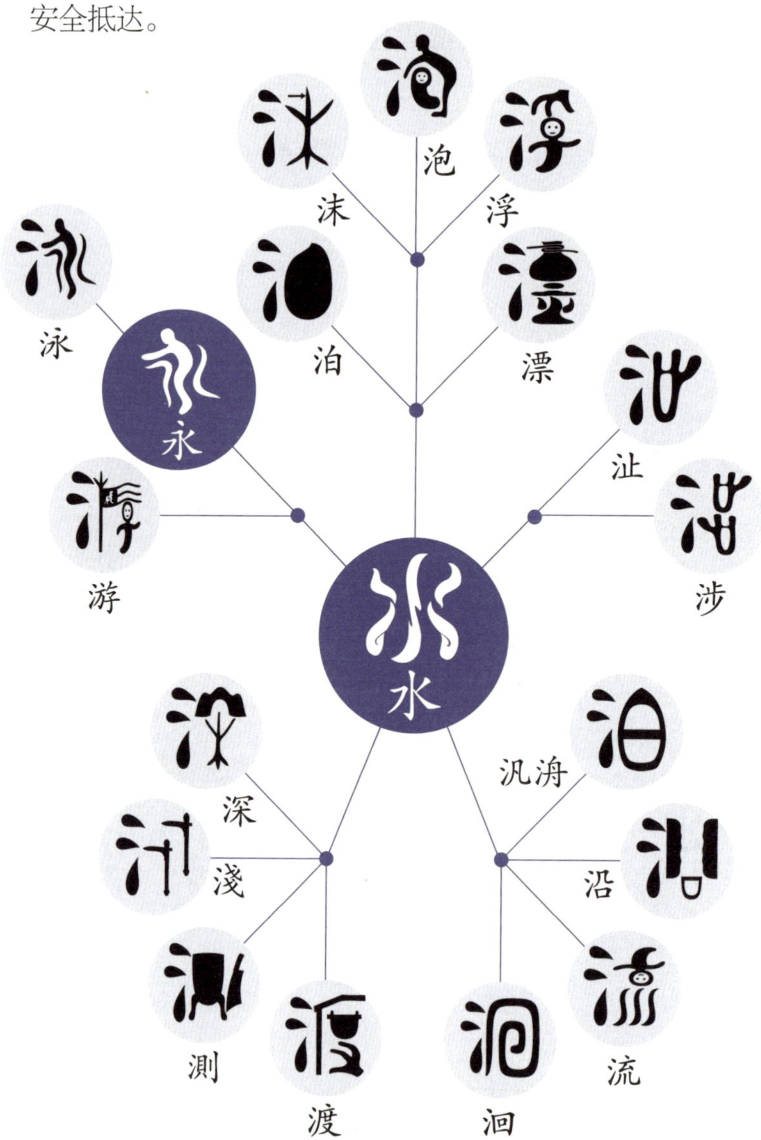

涉水

涉

shè

在“水”（，氵）中踏“步”（）。

相关用词如涉水、涉险、涉足等。

甲 金 篆

沚

zhǐ

“水”（，氵）中可踏“脚”（，止）之处。

引申为水中凸起的小块陆地。《诗经》：“于以采蘩，于沼于沚。”

甲 金 篆

游泳

永

yǒng

一个“人”（）在川流不息的河“水”（，氵）中游泳。

“永”的本义为游泳，后来改写作“泳”。由于在人的两侧是川流不息的河水，因此，“永”引申为延续不断、久远，常用词如永远、永久、永生等。

甲 金 篆

泳

yǒng

在“水”（，氵）中游“泳”（，永）。

《说文》：“泳，潜行水中也。”常用词如游泳、蝶泳、泳装、泳池等。

篆

游

yóu

人在“水”（，氵）中行进的姿态，好像风中的“旌旗飘带”（，斿）。

“水中游泳”的姿态变化与风中飘荡的“旌旗飘带”很相近。“游”引申为在水流中行进，相关用词如游泳等。金文代表“悬挂在杆子上的飘带”像“水”飘荡。另一个金文添加了“小、子”，借以表达旗帜尾端的“细小飘带”（或穗带），也就是古代所谓的“旗斿子”（请参见“斿”）。

金

篆

行船

氾

fàn

或写作汎。也读pán。一艘“船”（，舟或凡）漂浮在广阔的“水”（，氵）面上。

“凡”代表有边框之物。在甲骨文中，“舟”与“凡”极为相近，有时会通用（请参见“凡”）。例如“氾”的甲骨文、是“水、凡”的合体字，另一个甲骨文是“水、舟”的合体字，两

甲

篆

者都表示“船”在“水”上。“汎”通“泛”，“泛舟”又写作“汎舟”，如三国时魏国王粲的《从军诗》：“泛舟盖长川，陈卒被隰坰。”“泛”的本义是一艘船漂浮在广阔的水面上，引申为漂浮、广阔，相关用词如泛舟、广泛等。《论语》：“泛爱众，而亲仁。”

帆

fān

“船”（，舟或凡）上的布“巾”（）。

“帆”是挂在船上，使船能借着风力前进的布幔。“凡”也是声符。

沿

yán

流“水”（，氵）顺着峡“谷”（，㕣）前进。

（请参见第二章。）

 篆

船

chuán

沿着河“谷”（，㕣）前行的“船舶”（，舟）。

 金

 篆

漂浮

漂

piāo

在“水”（，氵）面上“飘”（，票）动。

“漂”的相关用词如漂浮、漂流、漂亮等。《尚书》：“血流漂杵。”《说文》：“漂，浮也。”

 篆

浮

fú

“抓”（，爪）取溺“水”（，氵）的孩“子”（）。

引申为漂在水面或飘在空气中，常用词如漂浮、浮萍、浮云、悬浮等。

 金

 篆

泡

pào

“包”（）着空气的“水”（，氵）。

“泡”原是指水泡，外部是一层水膜，内部包着空气。引申为像水泡之物，常用词如泡沫、气泡等。

 篆

沫

mò

浮在“水”（，氵）面“末”（）端之物。

泡沫是指浮在水面上的小泡，唾沫则是嘴角上的口水。

 篆

测量水深

深

shēn

将“木”（）棍伸进有“水”（，氵）的洞“穴”（）里试探深度。

常用词如深度、深海等。

 金

 篆

淺浅

qiǎn

踏在“水”（，氵）中发出“两物相击”（，戋）声。

踩在浅水滩上时会溅起水花并发出践踏声，踏在深水池中则不会。引申为水不深、距离短，常用词如浅水、搁浅、肤浅、短浅等。

 金

 篆

以“水”（，氵）平作为测量准“则”（）。

测 测

cè

建造房屋时，工匠少不了水平仪。古人以水平为测量准则，称之为“水准”。《庄子》：“水静则明烛须眉，平中准，大匠取法焉。”《汉书》：“水为准平。”

金

篆

“度”（）量河“水”（，氵）的宽度与深度。

渡

dù

徒步过河之前，必须先知道水的深度及宽度，以免溺水。引申为过河、跨越，常用词如渡水、渡江、渡河、渡口、渡轮、引渡、偷渡等。

篆

液体

在汉字符号里，“水”也代表液体。举凡饮用水、酒水、调味卤汁及人体所排出的体液都含有“水”。

漆
活
汞
桼
染
渴
酒
滷
汁
黍
梁
油
沽
漬
水
尿
次
汗
眔
還
懷
褱

饮用水

活

huó

“舌”（）头上有“水”（，氵）。

空气与水是维持生命不可缺乏的东西，有水喝才能活命。“活”引申为有生命的，常用词如活人、救活、活动、生活、活泼等。

 篆

渴

kě

“乞”（，曷）丐讨“水”（，氵）。

乞丐口干想喝水，引申为迫切想要，常用词如口渴、饥渴、渴望、解渴等。

 篆

酒水

酒

jiǔ

“酒罐”（，酉）里的“液体”（，氵）。

 甲

 金

 篆

黍

shǔ

浸"入"（ ）"水"（ ，氵）中就可变成酒的"禾"（ ）谷。

甲 金 篆

"黍"是一种小黄米，长时间浸泡在水里就会发酵成酒，是古代酿酒的重要原料。由于黍耐寒、耐旱又耐贫瘠，很适合在中原地区栽种。考古发现河北磁山新石器遗址就已存留黍之籽实，距今约九千年，可见种植年代久远。台湾本地居民至今仍普遍以黍米制作小米酒。"黍"的甲骨文 表示将黍米投入水中酿酒，也是象形文。《吕氏春秋》里有一段关于黍酒的故事，话说春秋时期，楚国的大将军司马子反与晋军大战，口渴返回军营要水喝，他的仆人竖阳谷为了讨好主人，竟然奉上了"黍酒"。酷爱饮酒的司马子反欲罢不能，自然是喝得酩酊大醉，导致战败，最终被处死。《说文》："黍可为酒，禾入水也。"

粱

liáng

将小"米"（ ）用"刀"（ ，刅）削入"水"（ ，氵）中酿酒。

金 篆

粱，又称高粱，果实细小如粟，带有黏性，是古代常用的酿酒原料。现今，四川与金门的高粱酒依然享有盛名。其实，早在商周时代就有以高粱酿酒的记录。《礼记》："黍醴清糟，粱醴清糟。"所谓"黍醴"就是用黍酿成的美酒，而"粱醴"则是用高粱酿成的美酒。依据古籍记载可知，黍与粱都是周朝最普遍的酿酒谷物，因此，“黍”与“粱”中都含有“水”，表示将它们浸泡在水中后就可酿成酒。高粱除了可做酒外，也可当作主食，周朝人将它奉为美食，因此，富贵人“食必粱肉，衣必文绣”。《说文》：“粱，米名也。”

沽

gū

采用“古”（）法酿造的好酒“水”（，氵）。

远古时代人们已懂得酿酒，此技法一代代传了下来。“沽”又写作“酤”（酤），本义是采用古法酿造的好酒，引申为买酒或卖酒，如《诗经》：“无酒酤我。”《墨子》：“当为子沽酒。”引申为买卖，如《论语》：“沽之哉！我待贾者也。”散氏盘：“南至于大沽（湖）。”

金 篆

卤汁

滷 卤

lǔ

腌制食物所用的含“盐”（，卤）“液体”（，氵）。

相关用词如卤肉、卤汁等。

混杂“许多”（，十）物质的“液体”（，氵）。

汁

zhī

引申为含有多种物质的液体，常用词如汁液、墨汁、果汁等。《康熙字典》：“雨雪杂下曰汁。”如《礼记》：“行秋令，则天时雨汁，瓜瓠不成。”《说文》：“汁，液也。”

篆

“水”（，氵）从“网袋”（，由）中流出。

油

yóu

古人结网捕鱼，“油”的甲骨文、有代表河水及网袋（由）的两个符号，本义是水在网袋中顺畅地流进流出，引申为滑溜、滑溜的液体，相关用词如油滑、汽油等。在先秦典籍中，“油”大多与自然流畅有关，如《楚辞》：“江湘油油（自由流动），长流汩兮。”《礼记》：“则易直子谅之心，油然生矣（自然而然地产生）。”“礼已三爵而油油以退（从容地退下）。”

甲

金

篆

“液体”（，氵）累“积”（，责）后的结果。

漬渍

zì

“责”是“積”（积）的本字。古人善于腌渍食物，将肉或菜浸泡在有咸味的液体中，入味之后就成了可口佳肴。“渍”的本义是浸泡，如

篆

腌渍、浸渍。由于食物浸泡后就会留下痕迹，故引申为积留的污痕，如油渍、汗渍等。

体液

尿

niào

有“液体”（，）从“尾”（）流出来。

甲骨文表示一个撒尿的男人。篆体变成了“尾、水”组成的会意字，用来形容动物尿尿。猫在排尿之前会习惯性抖抖尾巴，然后从尾部流出水来。但是人呢？由于人的尾巴在进化过程中早已消失不见，所以这个字在人的身上并不完全适用，于是后人便将臀部的尾巴省略，因而形成了“尿”。

甲

篆

汗

hàn

因努力执“干”（）抵抗而汗“水”（，）直流。

“汗”表示奋力抵抗强敌而汗流不止的情形，常用词如流汗、汗水等。

篆

眔

tà

“眼睛”（，目）流出泪“水”（，氵）。

遝

tà

“泪水”（，眔）“奔流”（，辶）不止。

引申为接连不断、众多，相关用词如杂遝。

褱

huái

“泪水”（，眔）湿透“衣”（）襟。

“褱”是“懷”（怀）的古字。

懷 怀

huái

“心”（）中因思念某人而“泪湿衣襟”（，褱）。

“懷”的简体字为“怀”。相关用词如怀念、关怀。

甲

篆

次

xián

“张嘴”（ ，欠）流出口“水”（ ，氵）的人。

“羡”的本字（请参见“美”与“盗”）。

染料

篆

桼

qī

将树“木”（ ）所流出的汁液融“入”（ ）“水”（ ，氵）里调配成染料。

“桼”是“漆”的本字，以“木、入、水”三个符号表示古人自漆树采收汁液做成漆。漆树流出来的汁液可以制成染料，是古代天然漆的主要原料。马王堆西汉墓穴所出土的各种漆器，历经两千年仍光亮如新，可见当时的漆艺技术相当高超。

篆

漆

qī

“漆”（ ，桼）树所流的“汁液”（ ，氵）。

“漆”的本字是“桼”。

染

rǎn

从草“木”（ ）中流出许多“绵长的”（ ，九）“汁液”（ ，氵）。

古人使用的天然染料主要来自植物染料及矿物颜料。战国以前人们已经懂得在丝织品上染色或以颜料绘图。秦汉以后，发展出印染工业。就构字而言，“染”代表采集植物汁液做成染料，“彦”（颜）代表从矿物中采集颜料。“染”的本义是植物流出的汁液，引申为沾附、着色，常用词如染布、染缸、沾染、污染、感染等。

汞

gǒng

将丹砂用“夯杵”（ ，工）捣碎之后所提炼出来的“液体”（ ，氵）。

丹砂的主要成分是硫化汞，可以提炼出汞，此过程称为炼丹。秦始皇时期的炼丹之术，首先是将丹砂以夯杵捣碎，经过研磨、溶解后，置入炼丹炉里蒸馏，最后将升华的汞蒸气导入冷却罐里即成液态汞（即水银）。《康熙字典》：“汞，丹砂所化，为水银也。”

篆

以水洁净

古代相当讲究净身之礼，表示洗头、洗澡、洗手或洗脚的汉字都区分得很清楚。因此《论衡》中说："沐者，去首垢也；洗，去足垢；盥，去手垢；浴，去身垢。"这些有关洁净的汉字都少不了水。除了洁净身体与环境之外，就连除去罪恶的汉字都含有"水"，水可以说是除去一切不洁的代名词。

以"盆"（，皿）中的"水"（，氵）洗去"双手"（，廾）的污垢。

本义为洗手，引申为洗涤，常用词如盥洗等。《说文》："盥，澡手也。"

盥

guàn

甲 金 篆

"一个人的脚往前"（，先）伸进"水"（，氵）里。

甲骨文是"水、之"的合体字，代表前往水中。篆体添加了"儿"（或人），代表一个人把脚伸进水中。"洗"的本义是洗脚，引申为洗涤，常用词如洗澡、清洗等。《说文》："洗，洒足也。"（请参见"先"。）

洗

xǐ

甲 篆

一个"人"（，大）浸泡在大"水"（，氵）中，用"双手"（，廾）洗去全身污垢。

"泰"表示一个人浸泡在大水中洗干净全身，引申为通畅、舒适，常用词如安泰、康泰、泰然等。由于水量充足，故又引申为广大，如泰山。

泰

tài

篆

雨“水”（，氵）落在“树”（，木）上。

甲骨文、表示雨水落在树上，也是象形文。由于树叶都被洗干净了，故引申为洗头发。常用词如沐浴（洗发兼洗澡）、栉风沐雨（用雨洗头，以风梳头）、如沐春风、沐恩等。春秋时期，孔子前往拜见老子，只见老子刚洗完头，披着未干的长发，像鬼。《庄子》:“孔子见老聃，老聃新沐，方将被发而干，慹然似非人。”

沐

mù

甲

篆

雨“水”（，氵）浇灌树“林”（）。

引申为从高处浇水，常用词如淋雨、淋浴、淋湿等。

淋

lín

篆

“水”（，氵）蓄积于“谷”（）中。

《楚辞》及《山海经》都提到“汤谷”是太阳洗澡的地方。顾名思义，“汤谷”就是满溢着热汤的山谷。河水聚积于山谷，让古人联想到将水注入澡盆，引申为洗澡，常用词如沐浴、浴池、浴缸、浴室等。

浴

yù

篆

清洗身体时，发出“嘈杂”（，喿）的溅“水”（，氵）声。

相关用词如洗澡、澡堂等（请参见“喿”）。

澡

zǎo

 篆

“鸟”（，隹）在“水”（，氵）中清洗“羽”（）毛。

喜欢戏水的鸟儿种类相当多，台湾蓝鹊在水中洗完澡后，不但会振动翅膀，还会甩甩尾巴，模样极为可爱。“濯”引申为洗涤，如《楚辞·渔父》：“沧浪之水清兮，可以濯吾缨。”

濯

zhuó

 金

 篆

洁净

将许多“木契”（，丯刀）分类“捆绑”（，纟）。

木契是古代交易凭证，必须分类捆绑以便收藏，所以“絜”引申为整齐、束紧。“絜”是“潔”（洁）的本字，如《诗经》：“絜（洁）尔牛羊。”《易经》：“齐也者，言万物之絜（洁）齐也。”《广雅》：“絜，束也。”《通俗文》：“束缚谓之絜。”

絜

jié

 篆

潔洁

jié

用"水"（，氵）使环境变得"干净整齐"（，絜）。

 (篆)

淨净

jìng

"争"（）相用"水"（，氵）清洁。

"净"的本字为"瀞"，代表"争"相用"水"清洁。引申为清洁的，常用词如洗净、干净、洁净、净身等。

 (篆)

法

fǎ

用"水"（，氵）冲"去"（）污秽物。

由于水具有洁净功效，能洗去污秽，故古人借此来诠释"法"。"法"的本义是除恶，引申为律令、途径，常用词如法令、法律、方法、文法等。古代制定法律的目的是惩罚恶人，并借此禁绝罪恶，使国家得以安定。《礼记》中说："命有司修法制，缮囹圄，具桎梏，禁止奸，慎罪邪。"又说："惟作五虐之刑曰法。是以民有恶德，而遂绝其世也。"因此，西汉扬雄《说苑》认为法的目的是"诛恶以禁邪"。古代传说中有一种能分辨善恶的独角兽，叫作"廌"（zhì），形状像一只独角鹿。相传舜的司法官皋陶拥有一只独角神兽，

 (篆)

不仅能分辨好人坏人，还会用角去刺恶人，因此皋陶办案总是准确无误。“法”的另一种篆体，在“法”之上添加“廌”，代表依靠“廌”来执“法”，但未被后人接受。

淘

táo

“弯身”（，勹）用“水”（，氵）在“瓦罐”（，缶）内清洗。

古人在瓦罐内洗米，称为“淘米”。“淘”引申为除去杂质、消耗，相关用词如淘洗、淘汰、淘空等。

洒水扫地

潑 泼

pō

将“水”（，氵）散“发”（）出去。

本义为洒水。由于随意喷洒，不小心就会泼到人身上，故引申为蛮不讲理、灵活，常用词如泼水、泼洒、泼墨、泼辣、泼妇、活泼等。

洒

xǐ

取一“囊袋”（，西）的“水”（，氵）来冲洗污秽。

“洒”引申为洗刷，如《孟子》：“寡人耻之，愿比死者一洒之。”（愿替死者洗刷此屈辱。）《说苑》：“污辱难湔洒（洗刷）。”《论语》：“当洒扫应对进

甲

篆

退。”“洒”与“灑”通用，表示泼水、散布在地。甲骨文表示一个袋子与水，水从袋中流出。

灑洒

sǎ

以“水”（，氵）洗出亮“丽”（）。

相关用词如洒水、洒扫等。

 篆

浸

jìn

或写作㵘。手持扫“帚”（）沾“水”（，氵）扫地。

远在周朝，古人就知道一个打扫的诀窍，先将扫帚沾水后再扫地，灰尘才不会满天飞。《礼记》中有：“洒扫室堂及庭。”引申为泡在液体中。常用词如浸泡、浸湿、浸透、沉浸、浸礼、浸淫等。

 金

 篆

清水与污水

清

qīng

“水”（，氵）色“青”（）亮。

干净而静止的水，清澈见底，且透出清亮的微绿。“清”引申为澄净、宁静、明白，常用词如清水、清白、清高、清静、清楚等。

 篆

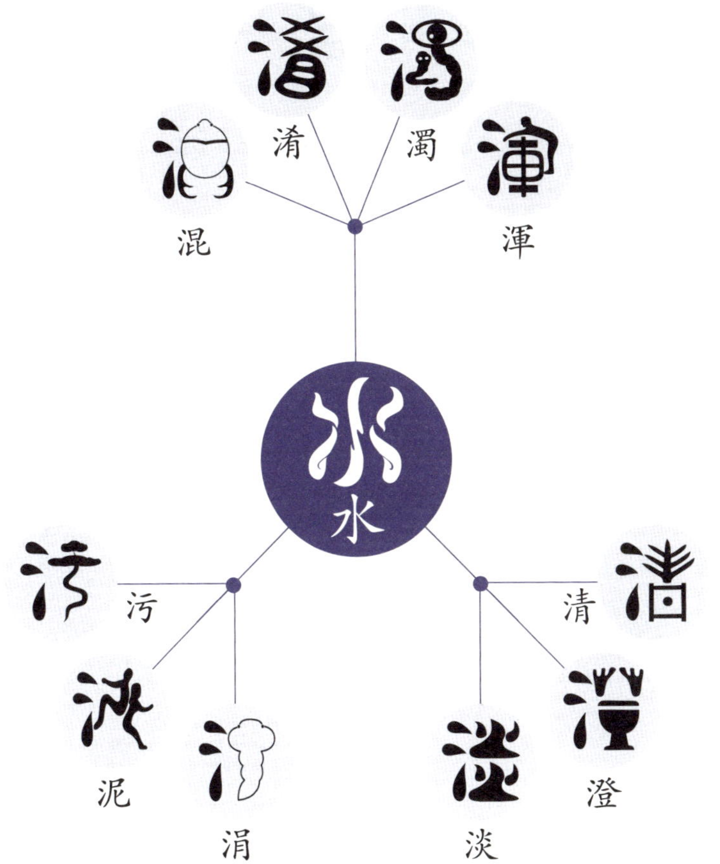

澄

chéng

污泥沉淀，干净的"水"（，氵）"登"（）上水面。

混浊的水，静放一夜之后就变得干净了，因为污泥沉淀之后，水就清了。"澄"就是使水变得清澈，常用词如澄清、澄净、澄澈等。《后汉书》："澄其源者流清。"《集韵》："澄，清浊分也。"

用“水”（，氵）降低“炎”（）热程度。

淡

dàn

水具有降温作用，尤其在炎热的夏天。引申为降低强度、不旺盛，常用词如淡水、淡酒、淡季等。

 篆

“水”（，氵）中发出恶臭的“烟气”（，亏）。

污

wū

“污”“汙”“汚”三者为异体字，意义与发音都相同。“汚”的篆体代表尿“盆”（）里的“水”发出“烟气”，后来将皿省略而成为“污”“汙”。“污”引申为肮脏的，相关用词如污秽、污染等。

 篆

“水”（，氵）和土像“两个相互依偎的人”（，尼）。

泥

ní

泥是水和土的混合物，引申为泥状的东西，常用词如泥巴、泥泞、泥浆、枣泥等。

 篆

涓

juān

生长在"水"（，氵）中的"孑孓"（，肙）。

篆

"涓"的本义是生长在水中的孑孓，引申为细小的、清洁，常用词如涓流、涓滴、涓细、涓洁等。防治登革热的重要方法是避免水中滋生孑孓，这个诀窍，周朝人早已知晓。周朝管理宫中清洁工作的人叫作"涓人"，他必须检查水质，避免水缸中滋生孑孓。《康熙字典》："涓人，今之中涓，居中而涓洁者也。"《国语》："王亲独行，屏营仿偟于山林之中，三日乃见其涓人畴。"

混

hùn

大江及大河的"水"（，氵）源都杂集于"昆"（）仑山。

"昆"仑山，又写作"崑"仑山，是长江、黄河、澜沧江的发源地，是众水交汇之地，故"混"引申为夹杂在一起、水力资源丰富，常用词如混杂、混乱等。《论衡》："河源出于昆仑，其流播于九河。"《淮南子》："河水出昆仑东北陬，贯渤海。"《论衡》："河发昆仑，江起岷山，水力盛多，滂沛之流。"《孟子》："源泉混混，不舍昼夜。"

把“切割好的肉”（，肴）丢进“水”（，氵）里煮。

淆

xiáo

本义是肉汤，由于肉丁在汤里与其他食物混杂，故引申为混杂，常用词如混淆、淆杂、淆乱等。

河“水”（，氵）像一条黄灰色的“野蚕”（，蜀）。

濁浊

zhuó

渭水与泾水都是黄河支流，古时候渭水混浊，泾水清澈，因此有“泾渭分明”一词。“浊”表示混浊的河看起来像一条野蚕，野蚕的身体土黄中又带些灰黑。引申为河水不清，常用词如混浊、白浊、浊世、浊流等。《诗经》：“泾以渭浊。”

篆

大“水”（，氵）涌流如同千“军”（）万马奔驰而过。

渾浑

hún

黄河壶口瀑布是中国著名的大瀑布，每年都吸引了大批游客。观瀑者但见“滚滚黄水”以“千军万马”之势奔驰而下，涛声震天；气势雄伟，惊心动魄。这个情景正是“浑”的最佳写照。“浑”的本义为水流旺盛，如《荀子》：“下得地利，中得人和，则财货浑浑如泉源。”引申为旺盛、整个、混浊，常用词如雄浑、浑身解数等。

篆

灌溉与湿润

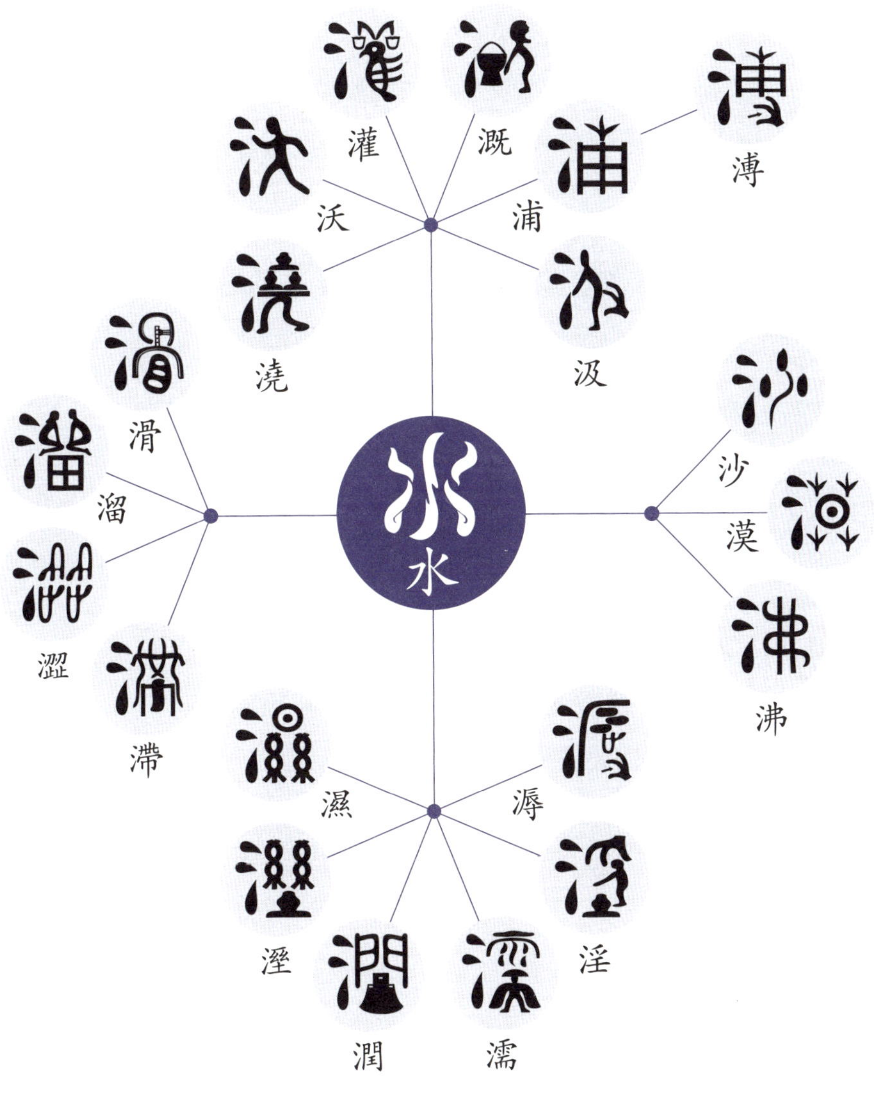

缺水

沙

shā

“水”（，氵）变“少”（）了。

“沙”是指排水性好的颗粒状物质，因为缝隙多，所以无法保存太多水分。“沙”的本义是水流失了，引申为使水流失的沙粒，常用词如沙漠、海沙、沙丘、泥沙、豆沙、风沙等。

金 篆

漠

mò

“没有”（，莫）“水”（，氵）的地方。

沙漠里的沙无法保存水分，使得植物难以生长。本义为广大而无水草及人烟的沙地，引申为无人关心的，常用词如沙漠、冷漠、漠视等。

篆

沸

fèi

“水”（，氵）“不见了”（，弗）。

水沸腾后就散逸在空气中。引申为热到最高点，常用词如沸腾、沸水等。

篆

浇灌

浇浇

jiāo

“水”（，氵）从“高处”（，尧）淋下来。

引申为将液体从上往下淋，常用词如浇水、浇灌、浇花等。

篆

沃

wò

快“跑”（，夭）取“水”（，氵）浇灌“草木”。

草木快要干枯了，赶去浇水！“沃”的篆体表示赶去浇灌草木，为会意字。隶书将“艹”省略。“沃”的本义是浇灌，引申为使土壤肥沃，意为浇水的土地，植物才会长得茂盛。常用词如肥沃等。《说文》：“沃，溉灌也。”

篆

灌

guàn

各方“水”（，氵）流入河里所发出的声音像“猫头鹰连连啼叫”（，雚）。

水集中注入时，会连连发出“咕噜、咕噜”的声音，如同猫头鹰连连啼叫。引申为注入、丛聚，如《庄子》：“百川灌河。”《诗经》：“黄鸟于飞，集于灌木。”常用词如灌注、灌水、灌洒、灌饱、灌溉、灌输等。

篆

溉

gài

用“水”（，氵）浇灌，直到“饱足”（，既）为止。

农夫引河水浇灌田园，浇灌够了，才用挡板将引水隔开，这是几千年来常见的田园景象。稻田要喝水，犹如人需要饮食，吃饱喝足了才有生产力。“溉”就是用水灌注直到足够为止，相关用词如灌溉、溉田等。《史记》：“西门豹引漳水溉邺，以富魏之河内。”《广韵》：“溉，灌也。”

金 篆

汲

jí

把“水”（，氵）“吸”（，及）引过来。

常用词如汲水、汲酒、汲井、汲道（引水道）。

篆

浦

pǔ

大量“种植秧苗”（，甫）的“水”（，氵）边。

上海浦东区位于黄浦江东岸，自古以来是农业发达的区域，如今已是高度城市化的城区。“浦”的本义是适于种田的水岸边，引申为水岸边，如《吕氏春秋》：“江浦之橘，云梦之柚。”丹麦女王玛格丽特二世参访上海时感慨地表示：“今早从酒店窗户

篆

眺望黄浦江对岸的浦东，让我想起三十五年前第一次访问上海时，那里还是一片农田。”

溥

pǔ

沿着“水”（，氵）岸“种植秧苗”（，尃）。在古代，中国各大河川，诸如黄河、长江流域的岸边都布满了农田。“溥”的本义是沿着水岸耕种，引申为广大的，如《诗经》：“溥天之下，莫非王土。”“瞻彼溥原，乃陟南冈。”

篆

润滑、滑溜与干涩

濕湿

shī

将吸满“水”（，氵）或染料的“丝”（）线晾在“日”（）光下。

甲骨文表示“丝”线浸泡在“水”（或染液）中，篆体是“水、㬎”组成的会意字，代表将含水的丝线拿去晒。引申为含有水分的，常用词如潮湿、淋湿、湿地等。（请参见“㬎”、“湿”。）

甲 篆

濕湿

shī

将吸满“水”（，氵）的“丝”（）线晾在“土”（）地上等待干燥。

“溼”与“濕”通用。

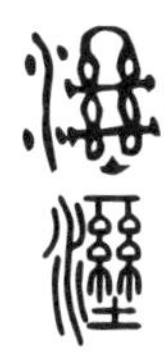

金 篆

潤润

rùn

“额外增加一点”（閏，闰）“水”（氵，氵）。“闰”是为了调整历法偏差所增加的时间，如闰日、闰月。干燥的土加一点水可以使植物生长；喉咙干燥，喝一点水就能使说话顺畅；机器运作不顺时，加一点油就能使它正常运转。“润”引申为使潮湿、使得到好处，常用词如湿润、滋润、润喉、利润等。

篆

濡

rú

“雨”（雨）“水”（氵，氵）从“笠帽蓑衣”（而）慢慢浸润而下。

“濡”表示被雨水浸润的情景，相关用词如耳濡目染等。《管子》：“雨，濡物者也。”

篆

淫

yín

“人”（人）用手抓揉着（爪，爪）掺“水”（氵，氵）的黏“土”（土）。

引申为浸泡、污染，相关用词如浸淫、淫乱等。

篆

因“亲手堆砌河堤”（，辱）而“沾湿”（，氵）身体。

溽

rù

引申为湿润。“溽暑”指夏天潮湿闷热的气候，如《礼记》：“是月也，土润溽暑，大雨时行。”

 篆

磨制骨器时，在“骨”（）头上加“水”（，氵）。

滑

huá

远古时代，人类已广泛使用骨器。出土的遗物相当多，如骨刀、骨针（大汶口文化）、骨耜（河姆渡文化）、骨铲（西安半坡文化）、骨镞、骨锄等。这些骨器都必须加工磨制，而水就是使骨器变得光滑的最佳润滑剂。引申为顺溜、不凝滞，常用词如光滑、滑行、滑动、滑雪等。

 篆

“留”（）住雨“水”（，氵）。

溜

liū

古人沿着屋檐设置雨水道，让雨水能顺流而下。周朝人称屋檐水为“溜水”，如《晏子春秋》：“蚤岁溜水至。”可见“溜”（霤）就是指留住雨水的设施，屋檐沟槽也称为溜槽。如《左传》：“三进及溜，而后视之。”孔颖达疏：“溜谓檐下水溜之处。”引申为滑落、顺势离开，常用词如滑溜、溜走、溜冰等。

 篆

在“水”（，氵）中，有两只脚掌往下走，另两只脚掌往上走（，歰）。

澀 涩

sè

“涩”本写作“歰”，篆体为  ，表示上下相对的脚掌，两只脚掌往下走，另两只脚掌往上走，象征南来北往的人群挤在一条窄路上，造成交通大阻塞，引申为不流畅、不滑。常用词如干涩、枯涩、苦涩、酸涩等。

篆

拖泥“带”（）“水”（，氵）。

滯 滞

zhì

水流好像被带子拉住一样，水流不畅，相关用词如滞留、滞销、停滞等。

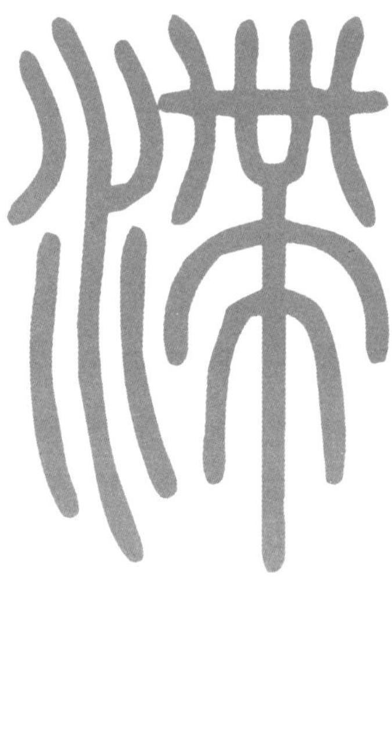

篆

“川”——水汇聚成河 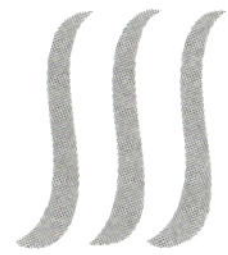

川

chuān

河流。

甲骨文、及金文都是表示河流的象形文。常用词如河川、川流。

甲 金 篆

州

zhōu

河“川”（）中的陆地。

“州”的本义是河中的陆地，是“洲”的本字。引申为划分出来的行政区域，如苏州、杭州、州长等。

甲 金 篆

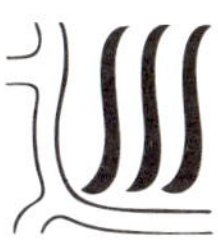

巡

xún

行走“路线”（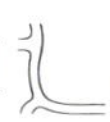，辶）好像“川”（）水流经各处一般。

周朝天子每五年走访视察各邦国州郡，称为“巡守”。天子所走的路线就好像流经各国的川水一般。“巡”引申为往来察看，常用词如巡

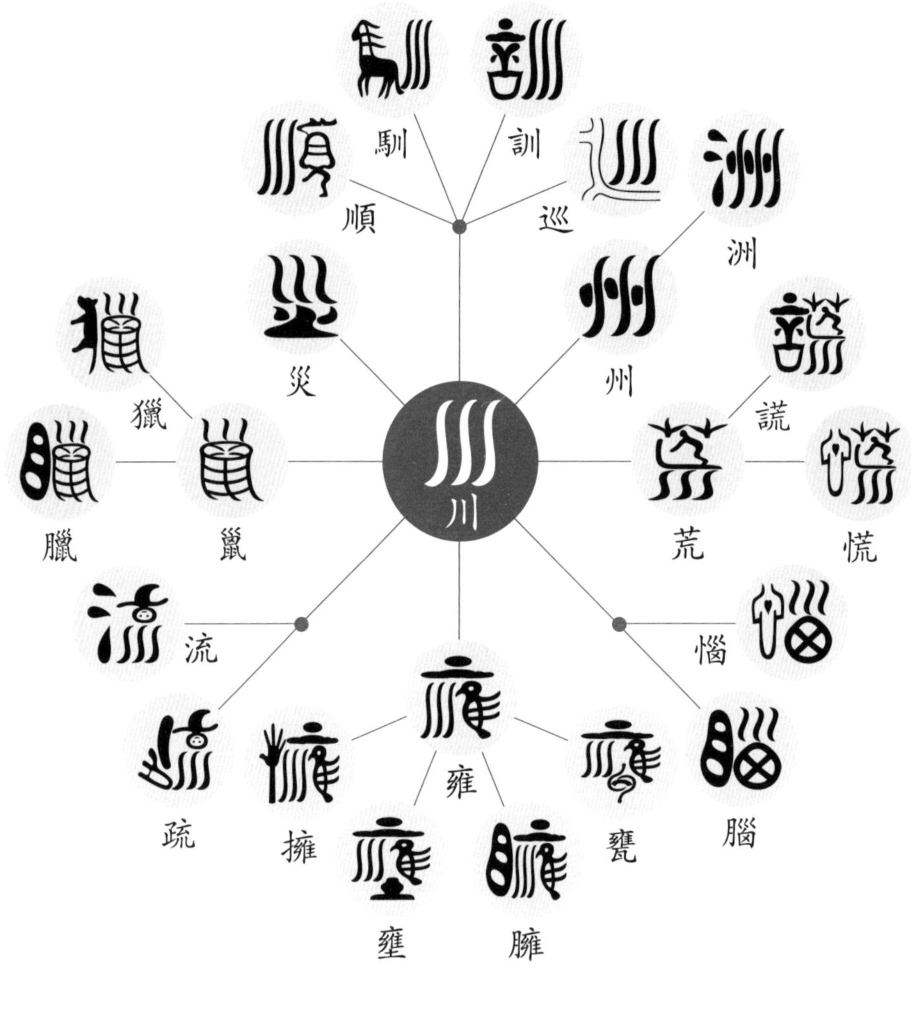
川
馴
訓
順
巡
洲
災
州
獵
謊
臘
鼠
荒
慌
流
惱
雍
疏
擁
甕
腦
壅
臃

视、巡逻、巡查、巡更、巡抚、巡警等。《礼记》：“天子五年一巡守。”

洲

zhōu

“水”（，氵）中或河“川”中的“陆块”（，州）。

常用词如亚洲、美洲、欧洲、非洲、沙洲、绿洲等。《诗经》：“关关雎鸠，在河之洲。”

邕

yōng

周围被“川”（）水环绕的城“邑”（）。

“邕”就是周围有河水环绕的地方，《说文解字》：“邕，邑四方有水自邕成池者。”古代的邕州（在今广西境内）因邕溪环绕而得名。邕邕，和谐的样子。

金 篆

雍

yōng

或写作雝。有“川”（）水环绕及“鸟类”（，隹）栖息其“上”（）的水岸“城市”（，邑）。

古代文明城市总是依傍着河川，因为河川不仅带来水源，也带来丰厚物产与鸟兽。古代的雍邑（今陕西省宝鸡市凤翔县）因境内有雍水环绕而得名，又

甲 金 篆

称雍城，是秦穆公时期的首都。穆公有个女儿擅长吹箫，箫声引来许多凤凰栖息，于是穆公在此修建“凤凰台”，因是之故，后人又将雍城改称凤翔县。秦国人崛起于雍城，秦始皇登基时也选在此地。“雍”的本义是有河水、有大鸟的地方，这是最适合人居住的环境，于是引申出和乐的、和谐的，相关用词如雍和、雍容华贵等。此外，辟雍是古代的最高学府，因四围有川水环绕而得名。雍雍表示和谐的声音，是凤凰的鸣叫声，如《诗经》：“凤凰鸣矣，于彼高冈；梧桐生矣，于彼朝阳。菶菶萋萋，雍雍喈喈。”《列仙传》：“箫史者，秦穆公时人也。善吹箫，能致孔雀白鹤于庭。穆公有女，字弄玉，好之，公遂以女妻焉，日教弄玉作凤鸣。居数年，吹似凤声，凤凰来止其屋。公为作凤台，夫妇止其上，不下数年。一旦，皆随凤凰飞去。故秦人为作凤女祠于雍宫中，时有箫声而已。”《白虎通》：“天子立辟雍何？所以行礼乐、宣德化也。辟者壁也，象璧圆，又以法天；于雍水侧，象教化流行也。”

壅

yōng

在“雍”（）水两岸用“土”（）筑堤。

自夏禹以来，重要的水岸城市无不修建堤防以隔离大水，《汉书》：“盖堤防之作……雍（壅）防百川。”西周官府在秋季就会发布修筑堤防以备水患的政令，《礼记》记载：“完堤防，谨壅塞，以备水潦。"《焦氏易林》也说："壅遏堤防。"《史记》："河决不可复壅。"以上有关"壅"的记载，说明了"壅"的本义是筑堤，引申为阻挡、隔绝，常用词如壅防、壅塞、壅蔽等。古代所谓的"壅门"就是在门外设立一道隔离的围墙。《广雅》："壅，蔽障也。"

臃

yōng

体态"肥胖"（，肉）的"雍"（）城人。

雍城是秦国首都，物产丰饶，因此，"雍"具有丰富之义。雍城富人多，胖子也多。臃肿就是形容肥胖、不灵活。

甕 瓮

wèng

腹部"丰满"（，雍）的"瓦"（）缸。

雍城物产丰饶，因此，"雍"也有丰富之义。甕（瓮）以"雍、瓦"合体来表示一种口小腹大用来盛东西的瓦器。常用词如酒瓮、水瓮、土瓮等。

擁拥

yōng

“雍”（）城境内“掌握”（，手）着川水及鸟类两大资源。

“拥”本写作“雍”，如《战国策》：“雍（拥）天下之国，徙两周之疆。”本义是指春秋时期的雍城境内不仅有丰富的水利资源，又有大群鸟栖息，因此才有了秦国的繁荣盛世。拥引申为持有、环抱，常用词如拥抱、拥有等。

篆

災灾

zāi

“川”（）水与大“火”（）所造成的祸害。

引申为各种天然或人为的祸害，常用词如水灾、火灾、旱灾等。

巟

huāng

因“川”（）水泛滥而流“亡”（）。

在河岸边开垦的农民，遭遇洪水泛滥，流亡他乡。回来后，农民看见田地成为荒野，内心感到惊慌无助。“巟”是“荒”、“慌”的本字，如《上博竹书五·三德》：“喜乐无堇（限）度，是胃（谓）大巟（荒）。”《上博竹书四·曹沫之陈》：“勇者喜之，巟（慌）者悔之。”《说文》：“巟，水广也。”

金

篆

荒

huāng

因"川"（）水泛滥而流"亡"（），造成田地荒废、杂草（，）从生。

引申为废弃、待开垦之地、农作物缺乏，常用词如荒废、荒野、垦荒、荒凉、饥荒、水荒等。

金 篆

慌

huāng

看见昔日田地成为"荒"（）野，内"心"（）感到惊慌无助。

引申为惊恐、忙乱，常用词如惊慌、慌张、慌乱、恐慌症等。

順 顺

shùn

"一个人低着头"（，页）看着流动的"川"（）水。

甲骨文及金文表示"一个人低头注视"流动的"川"水。川水都是顺着地势由高处流到低处，于是引申为依循、服从，相关用词如顺服、温顺、顺道、顺延等。《释名》:"顺，循也，循其理也。"

甲 金 篆

馴 驯

xùn

把"马"（）驾驭得像"川"（）水一样顺畅。

"驯"与"顺"二字都含有川。"川"是流畅的川水，此二字都有"川"，代表流畅。

篆

施以“言”（）语教诲，使人像“川”（）水一样依循。

 篆

訓训

xùn

引申为教诲、法则、依循，常用词如教训、训诫、训练等。《诗经》：“古训是式。”《尚书》：“圣有谟训。”“皇祖有训。”

在“川”（）中设置“鱼笱”（，䲜）来捕鱼。

 金

 篆

䲜

liè

“䲜”是古代渔猎生活的写照。古人除了结网捕鱼之外，也用一种称作“笱”的竹制捕鱼器，现代人叫“鱼笼”或“鱼筌”。渔夫将它放在河口或堰口，当鱼群顺着水流游动时，不小心就会游进鱼笼里。鱼笼口内有倒门，鱼一旦进去就出不来了。早在周朝就有关于鱼笱的记载。如《诗经》：“敝笱在梁，其鱼鲂鳏。”（将破旧的鱼笼设置在河梁处以捕捉鲂鳏之类的大鱼）“䲜”的金文、以大口、倒门、腹网来表示鱼笱。汉《焦氏易林》：“捕鱼河海，笱网多得。”《说文》：“曲竹捕鱼笱也。”

獵猎

liè

使用“犬”（ ）及渔具进行“捕猎”（ ，巤）。

金

篆

臘腊

là

“猎”（ ，巤）获的“肉”（ ）。

商周人在冬季狩猎，再将所得之物加以腌制，称之为“腊肉”，而此狩猎月份则称为“腊月”。“腊”的篆体 以狩猎用的“网”及“肉”来表示，小篆则将“网”改写成“巤”。

篆

腦脑

nǎo

“人头”（ ，囟）内部有“川”（ ）水沟纹的“器官”（ ，肉）。

大脑与小脑的表面布满了沟纹，像四处流动的水。常用词如头脑、脑干、脑浆、脑震荡等。

惱恼

nǎo

一方面“心”（ ）里气愤，另一方面绞尽“脑”（ ）汁。

当人遇到难堪之事，焦急气愤的同时脑海里会不断苦思应对之策。引申为愤怒与愁烦，常用词如烦恼、恼恨、恼怒等。“恼”为后来所造的会意字兼形声字。

“仌”（二）的衍生字

仌

bīng

或写作冫。水凝结成冰。

金文及篆体是以有棱角的椎体来表示凝结的冰，隶书简化为两点。“仌”是“冰”、“凝”的本字，具有冰冷、凝结的含义。

甲 金 篆

冰

bīng

“水”（，氵）遇冷“凝结成冰”（，冫）。

“冰”的本字是“仌”，《正韵》：“古文冰作仌，凝作冰。后人以冰代仌。”常用词如结冰、冰水、冰冻、棒冰、冰封等。《礼记 · 月令》：“孟冬水始冰，仲冬冰益壮，季冬冰方盛。”

金 篆

寒

hán

在“屋”（，宀）子里用“双手”（，廾）将草（，茻）铺在“冰”（，冫）冷的地上。

贫穷人家如何过冬？地上结冰，只好拿草铺在地上当床。“寒”引申为冰冷、贫穷，常用词如

金 篆

寒冷、寒冬、贫寒、清寒、寒门、寒酸等。寒的金文含有“宀、茻、人”，代表以草铺地供人休息。篆体添加双手及仌以表示铺草于冰冷的地上。

《说文》:“寒，冻也。从人在宀下，以茻荐覆之，下有仌。”

冷

lěng

“冰”（，冫）凉无情的命“令”（）。

在古代，执行杀、伐、刑、罚等命令，总是寒凉无情的。为了贯彻法令，就难以徇私情。引申为寒凉、寂静、缺乏感情，常用词如寒冷、冷冻、冷清、冷漠等。

 篆

凍冻

dòng

在“冰”（，冫）冷的天气抬着“轿子或担架”（，东）。

在古代，兴土木需要大量的人力，工期又长。在冬季里，劳动者更显得身体僵硬，更甚者还有被冻死的。本义为劳动者因天冷而身体僵硬，引申为寒冷、凝结成块，常用词如冷冻、冻伤、果冻等。《荀子》:“使百姓无冻馁之患，则是圣君贤相之事也。”《墨子》:“冻饿死者不可胜数也。”

 篆

骑“马”（ ）渡过“冰”（ ，冫 ）冷的河水。

馮冯

píng

中国北方的冬天，有不少河川会结冰，要想平安地渡河并不容易。因为河流深浅难辨，河水又冰凉刺骨，稍一不慎，摔落河中可就凶多吉少。于是，古人借助于马匹，骑马渡过冰冷的大河。“冯”的金文是由“仌、马、止”所组成。其中，马的四肢以“大”字形张开，脚底的符号像是浸泡在水中，代表骑马渡过冰冷的河水。篆体简化成了“仌、马”的合体字，表示马在冰上。引申为涉水、仗势、贪求等，如《诗经》：“不敢冯河（不敢渡河）。”“有冯有翼（有倚靠有辅翼）。”《庄子》：“冯而不舍（贪求不舍）。”

金

篆

令人“疑”（ ）惑的结“冰”（ ，冫 ）过程。

凝

níng

水在结冰的过程中，既不是水，也不是冰，因此造字者添加“疑”字。这时候只见结晶体慢慢形成，且不断聚集成块，所以“凝”引申为聚集、集中，常用词如凝结、凝聚、凝望等。

篆

冶

yě

铸造者“口吐气息”（，台）指挥工人将熔解的金属液体“凝结”（，冫）成器物形状。

古人铸造青铜器，先将金属矿熔解成液体，去除杂质后再倒入模具中。等到冷却后，拆开模具，青铜器就大致完成了。“冶”是表示指挥铸造过程的铸匠，引申为镕铸金属、培养、从事镕铸的工匠，常用词如冶金、冶炼、冶铁、冶匠、陶冶等。《韵会》：“炉铸谓之冶。又铸匠曰冶。”《汉书》：“犹金之在镕，唯冶者之所铸。”《礼记》：“良冶之子，必学为裘。”

篆

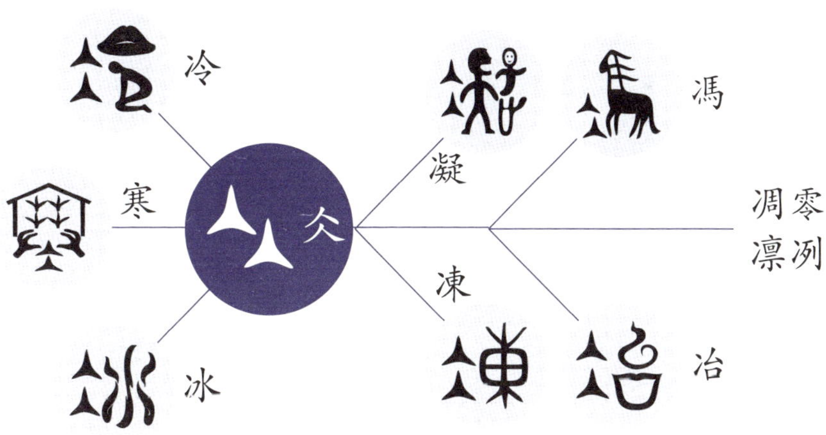

“气”——水蒸气

气

qì

散发在空中的轻飘飘的东西。

“气”的甲骨文 像是可随风飘动的东西，金文 则是指上升到空中之后随风飘散的东西。以“气”为义符可衍生出各种气体，如氢、氦、氧、氯、氮等。

甲

金

篆

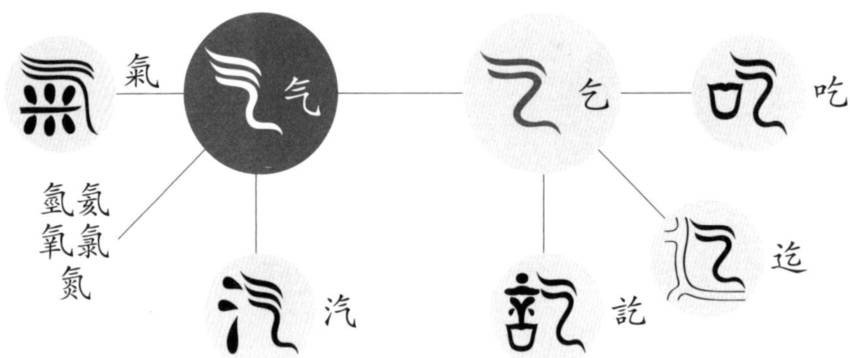

汽

qì

“水”（，）蒸“气”（）。

常用词如汽化、汽水、汽油、汽车等。

篆

氣气

qì

蒸煮“米”（）饭所冒出的“气”（）体。

引申为空中的气体、人的呼吸，常用词如空气、氧气、气体、气流、气息、脾气、气味等。

篆

乞

qǐ

向人求讨的“气”（）。

向人祈求时，态度卑微，眼神充满企盼，口里发出呼求气息。引申为求取、盼望，常用词如乞求、乞讨、乞丐等。“乞”与“气”的金文及篆体都相同，隶书出现后才加以分化。

金

篆

吃

chī

“嘴巴”（，口）不断喘着“气”（）。

“吃”的本义是口吃，讲话结结巴巴。一边说话，一边喘气。由于此情形与吃东西时的狼狈样子很像，故引申为口嚼食物，常用词如吃饭、贪吃、吃亏、吃惊等。《说文》：“吃，言蹇难也。”《汉书》：“为人口吃。”

篆

迄

qì

像一阵“气”（）流“经过”（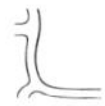，辶）。

经过的时间就像一阵风吹过一样。引申为从过去到现在，常用词如迄今等。《诗经》：“以迄于今。”《说文》：“迄，至也。从辵气声。”

篆

訖讫

qì

“话语”（，言）随着“气”（）流传送出去。

引申为说完话、终结，常用词如付讫、收讫、银货两讫等。古籍中也写作“迄”。

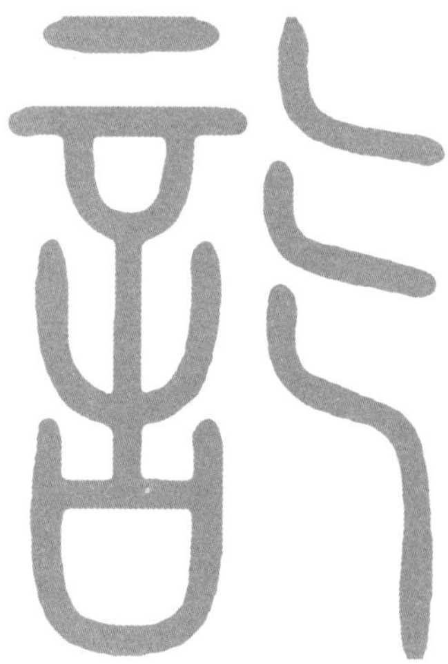

篆

索引

A

B

C

H

J

M

N

P

Q

R

S

Y

Z

图书在版编目（CIP）数据

汉字树. 8 / 廖文豪著. -- 北京 : 北京联合出版公司, 2017.5（2021.4重印）

ISBN 978-7-5596-0220-6

Ⅰ. ①汉… Ⅱ. ①廖… Ⅲ. ①汉字－通俗读物 Ⅳ. ①H12-49

中国版本图书馆CIP数据核字(2017)第067884号

北京版权局著作权合同登记 图字：01-2017-2152号

汉字树 8

著　　者　廖文豪

责任编辑　孙志文

项目策划　紫图图书ZITO®

监　　制　黄　利　万　夏

特约编辑　高　翔

营销支持　曹莉丽

版权支持　王秀荣

装帧设计　吉松薛尔　紫图装帧

北京联合出版公司出版

（北京市西城区德外大街 83 号楼 9 层　100088）

唐山富达印务有限公司印刷　新华书店经销

字数 120 千字　787 毫米 ×1092 毫米　1/16　17.5 印张

2018 年 4 月第 2 版　2021 年 4 月第 12 次印刷

ISBN　978－7－5596－0220－6

定价：69.90 元
